AF207903

CREO, ¿AHORA QUÉ?

CREO, ¿AHORA QUÉ?

© 2008 Michael L. Simpson
Primera impresión, 2007

Publicado por Editorial Patmos, Miami, FL U.S.A.

Publicado originalmente en inglés con el título I Believe, Now What? por Nex-Gen®, una marca registrada de Cook Comunications Ministries, Colorado Springs, Colorado • Paris, Ontario, Kingsway Comunications Ltd, Eastbourne, England.
© 2005 Michael L. Simpson

Todos los derechos reservados.

Traducido por: David Gómez Ruiz
Diseño de cubierta: Jeffrey P. Barnes
Adaptación de Cudierta: Wagner de Almeida
Foto de cubierta: © Getty Images

Algunos nombres han sido cambiados para proteger la identidad de la persona mencionada.

A menos que se indique de otra manera, las citas de las Escrituras son tomadas de la Santa Biblia, Nueva Versión Internacional®. Derechos de autor © 1973, 1978, 1984 International Bible Society. Usado con permiso de Zondervan. Todos los derechos reservados.

Las itálicas en las citas de las Escrituras son añadidas por el autor para dar énfasis.

ISBN 10: 1-58802-407-5
ISBN 13: 978-1-58802-407-7

Categoría: Vida Cristiana, Ministerio, Discipulado

Impreso en Brasil

DEDICATORIA

Susan,
Gracias por ayudarme a contestar
La pregunta más importante,
Por no cerrar tu corazón,
Y por abrir el mío más a Dios cada día.

Índice

Reconocimientos 7

Prefacio 9

Maximizando su experiencia...13

Comienzos 15

Pregunta 1: "¿Qué acaba de acontecer?" 17

Pregunta 2: "¿Qué sucederá enseguida?" 19

Pregunta 3: "¿Cuál es mi siguiente paso?" 23

Pregunta 4: "¿Cómo sé que algo sucedió?" 25

Pregunta 5: "¿Seré feliz?" 31

Pregunta 6: "¿Qué necesito ahora?" 35

Pregunta 7: "¿Me lastimará Dios?" 39

Pregunta 8: "¿Llegaré a ser uno de ELLOS?" 43

Pregunta 9: "¿Cómo se comunica Dios?" 47

Pregunta 10: "¿Cómo luce una relación saludable con Dios?".....51

Pregunta 11: "¿Qué espera Dios de mí?" 55

Pregunta 12: "¿Qué debo esperar de Dios?" 57

Pregunta 13: "¿Cómo oro?" 61

Pregunta 14: "¿Me dejará Dios fallar?" 65

Pregunta 15: "Me equivoqué, ¿qué hago ahora?" 69

Pregunta 16: "¿Necesito ayuda?" 71

Pregunta 17: "¿Por qué leer la Biblia?" 75

Pregunta 18: "¿Qué es el éxito?" 81

Pregunta 19: "¿Qué puedo saber?" 85

Pregunta 20: "¿Por qué todavía suceden cosas malas?" 89

Pregunta 21: "¿Cómo luce confiar en Dios? 95

Pregunta 22: "¿Qué es pecado?" 99

Pregunta 23: "¿Cuándo comienza el pecado?" 103

Pregunta 24: "¿Quién es Satanás y por qué debo preocuparme?"....107

Pregunta 25: "¿Debo ser bautizado?" 111

Pregunta 26: "¿Es mi camino único?" 113

Pregunta 27: "¿Es el camino de Dios ilógico?" 117

Pregunta 28: "¿Qué es 'comunión'?" 121

Pregunta 29: "¿Puedo hacer esto solo?" 123

Pregunta 30: "¿Qué necesito de la iglesia?" 127

Pregunta 31: "¿Cuál es la iglesia perfecta para mí?" 131

Pregunta 32: "¿Debo dar dinero?" 135

Pregunta 33: "¿Por qué orar juntos?" 139

Pregunta 34: "No soy un evangelista, ¿o sí?" 143

Pregunta 35: "¿Cómo explico los cambios en mí?" 147

Pregunta 36: "¿Cómo lograr que mi familia y amigos confíen en Cristo?" 151

Pregunta 37: "¿Por qué necesito hablar a las personas acerca de Jesús?" 155

Pregunta 38: "¿Cómo trato con el rechazo?" 159

Pregunta 39: "¿Por qué soy llamado a servir a otros?" 163

Pregunta 40: "¿Realmente entiendo esta vida cristiana?" 167

¿Ahora qué? 171

Acerca del autor 173

Reconocimientos

Este libro nació del siempre amable don de Dios de permitirme el honor de experimentar las vidas de muchas personas maravillosas, y una humilde perrita.

Muchas vidas inspiraron estas historias: Anya S., Connor, Galia, Ira, Jeff D., Kotsya, Scout, Yanna, Zia. Todas inspiraron mi propia búsqueda de mayor intimidad con Jesús.

Las ideas originales de estas preguntas vinieron a través de muchos años de los círculos de amigos en tres grupos: Oasis en Salt Lake City, Utah, y The Verge y The Loft en Phoenix, Arizona.

Este proyecto tomó muchos caminos antes de que se revelara el correcto, y a menudo estuvo a punto de sentarse y obstinadamente negarse a dar un paso más. Es casi seguro que yo le habría permitido un descanso permanente sin la hermandad y el verdadero compromiso de Mike, Quinn, Ryan y Tedd de la Open Door Fellowship; el don de Ryan y Nols; la amabilidad y cuidado de Kenneth Rundell y Natasha en Agora en St. Petersburgo, Rusia, donde se completó la mayor parte de este trabajo. Sin mencionar el gran látex de soya de mocha en la cafetería Lux en Phoenix, Arizona (En serio, ese café es como una bocanada de oxígeno puro para un escritor nocturno.)

Mi casa editorial, Cook Communications, una vez más me dio más libertad de la que merezco para explorar la dirección de Dios en este proyecto. Janet, Rich, Susan T., y otros proporcionaron agradable consejo y gracia.

Gracias también por las oraciones de muchos familiares y amigos.

Sobre todo, gracias a las dos mujeres más importantes en mi vida, Susan y Maggie. Fui enfocado y capacitado por la piadosa sabiduría de Susan y su fuerte confianza en mí; y, bueno, Maggie sólo me proporcionó gran cantidad de diversión.

PREFACIO

La noche cuando oré para que Cristo llegara a ser una realidad para mí, era como acomodarme en mi cama después de un viaje largo y azaroso; acurrucándome en un descanso lleno de paz, seguridad y sin estrés por primera vez en… bueno, más de lo que podía recordar. Sentí como si finalmente estuviera en casa. Entonces algo como un cansancio espiritual se montó –interrumpiendo esa tan anhelada paz. Poco sabía que una vez que finalmente había arribado a casa, el verdadero viaje comenzaría en serio.

Muchas personas comparten experiencias parecidas de una nueva vida cristiana que está cargada de emoción y frustración. Comenzando con dramáticos altibajos, con frecuencia toman el camino equivocado –el camino más transitado, el camino de la menor resistencia. La maldición de querer hacer lo recto pero no tener idea que sea lo correcto puede llevarlo a seguir el mayor número de tráfico, que usualmente conduce a la camaradería de la mala dirección.

Si usted es como era yo en esos primeros años, lo que una vez era normal antes de conocer a Cristo ahora se siente extraño; y lo que una vez era extraño, pero debía ser normal, todavía se siente algo raro.

Vaya que tenía preguntas. ¿Tiene usted preguntas también? Este libro es para la persona que cree, pero o bien acaba de comenzar o siente que nunca tuvo la base adecuada en la vida cristiana. Es mi esperanza que este libro le ayudará a establecer las expectativas correctas y llenar los vacíos de su entendimiento. ¿No está encontrando respuestas con la rapidez que le gustaría? ¿Ni siquiera está seguro qué preguntar? La ignorancia, el fallo, la desilusión y la resultante frustración pueden enviarlo a una montaña rusa espiritual y emocional que lo deja más enfermo del estómago que emocionado para la siguiente vuelta, pero esa no es la aventura que Dios prometió.

Finalmente, dejé ese parque de diversión espiritual y entré a la vida verdadera que Dios tenía planeada para mí —una vida que abrazaba la verdad de mi pecado y mi necesidad de una continua libertad. Descubrí que podía caminar con alegría en lugar de sentirme culpable y derrotado, y podía estar cómodo en mi propio pellejo si vivía espiritualmente sin la sobrecarga de distracciones de la gracia. Créame, la atracción de vivir su propia vida es una mentira y bastante aburrida en comparación con la libertad de vida con Dios. Dios le promete llevarlo al más emocionante y provechoso viaje de su vida, y al final del día, Él no lo va a dejar quebrado y exhausto.

Una vez que salí y caminé en el viaje de la vida de gracia, mis habilidades para orientarme fueron aguzadas y los altibajos de los extremos espirituales fueron nivelados bastante. Los misterios simples de la paz se develaron, o más bien, mis anteojeras fueron removidas.

Conozco algunas personas que se apartaron de la senda de gracia y nunca regresaron. Muchos otros regresaron, pero a menudo han caminado una gran distancia antes de darse cuenta que habían dejado el camino —simplemente porque habían supuesto que era el camino correcto ya que tenían mucha compañía a lo largo del camino. A veces es más fácil viajar incómodos el camino cómodo, resistiendo el misterio de lo desconocido mientras espera que su vida y su relación con Dios cambien —aun sabiendo en su alma que eso debe ser diferente.

¿Es esa su experiencia? Tristemente, no es única. Aun con lectura regular de la Biblia, oración y asistencia a la iglesia, el panorama de vida como cristiano sigue siendo un misterio. Siempre quise saber cómo podía o debería parecer, pero pocas personas me dieron respuestas prácticas. Examiné el cuadro total de preguntas y me preguntaba si otros también lo tenían. A través de los años a menudo pregunté a los grupos que enseñaba. Amigos de diecisiete a cincuenta años, que conocían a Cristo desde unos días hasta unas décadas, enumeraron preguntas que tenían sobre aspectos de la vida cristiana de las cuales personalmente deseaban respuestas, preguntas con las que ellos tenían problemas para contestar a otros, y respuestas que ellos habían hallado por sí mismos pero que habrían querido descubrir más temprano en su andar con Cristo. Esas conversaciones me llevaron a una serie de descubrimientos personales y lecciones enseñadas durante muchos años. Los lectores de mi libro anterior, Permission Evangelism, [Evangelismo Permisivo] también han pedido una herramienta para quienes ellos han conducido a Cristo. Así que, con cierta amable urgencia de mi editor, nació este libro.

Ahora que usted ha escogido subir a bordo de esta aventura, parecería buena idea entender hacia dónde se dirige. La elección de aceptar a Cristo no se trata sólo de lo que sucede después de morir —aunque ese es el destino final. Esta aventura tiene que ver con la libertad de vivir una vida de gozo y significado ahora. Usted no necesita perderse en el gozo de Dios antes de llegar al cielo —un gozo que trasciende emoción y circunstancia. Es más acerca de llegar a conocer a su compañero de viaje que su destino. Este viaje no tiene por qué seguir siendo un misterio, pero provocará muchas preguntas a lo largo del camino —algunas con respuestas ahora, algunas cuyas respuestas necesitan ser reveladas todavía.

Así que, no se siente y espere las respuestas del autor mientras usted hojea estas páginas. Inclínese hacia adelante y busque con anhelo la verdad a medida que el Espíritu de Dios le habla a través de estas palabras. La vida es activa, y la verdad lucha por nuestra atención. Póngase de pie rápido y vamos a ponernos a trabajar en su nueva vida.

Maximizando su experiencia

Usted puede leer este libro de principio a fin; pero para obtener el beneficio completo de involucrar a Dios en esta experiencia, es recomendable que lea un capítulo por día durante cuarenta días. Si la sección **cave más profundo** que aparece al final de cada capítulo lo llega a involucrar mucho, tome un día adicional para meditar y orar acerca del tema. Después de un par de días, no obstante, trate de continuar con el siguiente capítulo porque muchos de los temas se complementan entre sí y usted puede encontrar una aclaración en lugares inesperados. Si algunos asuntos sobre un tema en particular siguen sin resolver, trátelos con un consejero espiritual de confianza –pero trate de seguir avanzando.

Pregunta: Las cuarenta preguntas consideradas en este libro fueron seleccionadas de conversaciones reales con personas reales. No tienen la intención de ser inclusivas de todas las preguntas que los cristianos nuevos y en desarrollo tienen. Más bien, fueron seleccionadas para proporcionar una base de entendimiento para ayudarle a superar los primeros obstáculos para experimentar plenamente a Dios en su vida. No se salte preguntas porque piensa que no se aplican para usted. La lectura de cada capítulo puede inspirarle a profundizar una nueva área o capacitarlo para articular otras cuando necesite ayuda de alguien más. Usted también puede usar este libro como referencia para ayudar a otros a lo largo de su viaje espiritual.

Versículo bíblico: La Biblia puede decirle todo lo que usted necesita saber de Dios. Si no tiene una, consiga una y comience a leerla. Los versículos seleccionados para cada pregunta no son los únicos aplicables a este tema, pero le darán una perspectiva representativa de la Biblia acerca del tema. Hay docenas de versiones de la Biblia en el mercado incluyendo traducciones (de los idiomas originales), Biblias de estudio (con referencias cruzadas y notas o comentarios de eruditos),

Biblias devocionales, y paráfrasis (menos literales, pero a menudo más fáciles de entender). A menos que se indique otra cosa, todos los versículos que aparecen en este libro son de la *Nueva Versión Internacional*.

Respuesta: La respuesta proporcionada es una respuesta y no incluye todas las perspectivas. Las respuestas provistas se concentran en hablar de la realidad y los aspectos prácticos de la vida y no representan cada argumento teológico sobre el tema. Francamente, no creo que usted necesite entender cada argumento teológico sobre estos temas. Lo que usted necesita es desarrollar un deseo o experimentar a Dios y usar los recursos que Él provee para crecer en esa relación. Si usted está buscando argumentos teológicos profundos, vaya al seminario. Si usted busca dirección sobre cómo crecer en su comprensión y conectar con Dios a través de su Palabra, su Espíritu, el mundo que lo rodea, y otras personas —siga leyendo.

EN CONCLUSIÓN:

Lo que se ha dicho.

HABLE CON DIOS:

Desarrollar una relación con Dios que le permita conversar con Él (y a Él con usted) cómoda y naturalmente es absolutamente la cosa más importante que usted puede aprender mientras camina en este planeta. Esta sección está diseñada para introducirlo a maneras de relacionarse con Dios; obligar su mente a pensar acerca de Él en nuevas maneras; y darle a Dios alguna libertad para responderle a usted a través del mundo que lo rodea, las personas, la Biblia y el mágico y siempre elusivo silencio. Cualquier cosa que usted haga, por favor no omita esta parte de cada día. Dedique al menos cinco minutos en esta conversación. Aprenda a concentrarse en Dios y encontrará respuestas y paz para su alma

CAVE MÁS PROFUNDO:

Si usted quiere desarrollar más allá de experiencia de Dios y crecer en conocimiento y aplicación de la verdad, tome tiempo para cavar más profundo. Usted encontrará que todo su conocimiento de Dios mejora su experiencia con Dios.

Comienzos

10:47 PM – 22 de diciembre

Rin rin rin

"Hola, habla Susan. Por el momento no estoy en casa, pero por favor deja tu nombre y tu número de teléfono después del tono y me comunicaré contigo tan pronto como pueda."

BIIIIIP

"Oye, ajá, Susan, habla Michael. Sé que ha pasado mucho tiempo desde que hablamos, pero quiero informarte que acabo de orar para aceptar a Jesucristo como mi Señor y Salvador personal. Después de nueve meses de hacer preguntas, estudiar y buscar respuestas, llegué a la conclusión de que requiere más fe creer en cualquier otra cosa. Pensé que debías saberlo. Tú haz hecho más que nadie para señalarme la dirección correcta. Feliz navidad."

7:15 AM – 23 de diciembre

(Una hora después de que sonara la alarma – todavía acostado en la cama)
Ohhh, hombre. ¿Qué he hecho?
"Oye, Dios, ajá, habla Michael. No soy muy bueno en esto todavía, y, hum, bueno, no sé si esto es lo que debo decir, pero tengo ciertas preocupaciones…"

Al comenzar mi día dos como cristiano, fui impactado con un mosaico de emociones y me encontraba demasiado cerca para ver el arte en ello. Al enfrentar temor, emoción, pavor, alivio, incertidumbre, esperanza —toda forma de contradicciones- me preguntaba qué era real y qué era imaginación. Menos de nueve horas antes, mi búsqueda para probar que el cristianismo era falso había terminado en fracaso, aunque ahora me doy cuenta que en realidad yo había ganado. Alguna vez en los meses anteriores esa búsqueda había evolucionado a un genuino deseo de perdón y paz. Poco sabía yo que una oración pequeña, simple y egoísta garantizaría la aventura de toda una vida.

Una vez que decidí que requería demasiada fe creer cualquier otra cosa, le pedí a Dios que perdonara mi egoísmo y fuera el centro de esta vida sin esperanza. Toda clase de dolor emocional y temor me dejó, aparentemente para bien. Yo no sabía que usted realmente podía sentir el perdón, pero esa noche la conciencia de mi alma se rindió para descansar tan ligeramente como las plumas en la almohada bajo mi cabeza. Sorpresivamente, desperté la mañana siguiente en un estado emocional completamente diferente. Era confuso y alarmante, aunque lleno de promesa.

Ahora me atormentaban nuevas preguntas:

¿Qué acaba de suceder? ¿Cuál es la meta? ¿Debo leer la Biblia? ¿Por qué? ¿Cómo comienzo? ¿Cuál Biblia debo leer? ¿Qué sucederá después? ¿Qué voy a hacer enseguida? ¿Qué significa confiar en Dios? ¿Cómo puedo conocer la voluntad de Dios? ¿Quién es Satanás y por qué me debo preocupar? ¿Qué clase de iglesia es la correcta para mí? ¿Cómo encuentro una iglesia? ¿Cuál es mi lugar en la iglesia? ¿Quién me puede ayudar? ¿Cómo explico por qué estoy cambiando? ¿Qué llegaré a ser?

Finalmente, Cristo era una realidad en mi vida, pero realmente yo no tenía idea de lo que eso significaba para el resto de mis días en este planeta. Yo no sabía que debía esperar de la vida, de Dios y de mí mismo. Como las respuestas a mis preguntas se revelaron a través del tiempo, todo acerca de mi idea original de quién era Dios, de qué se trataba la iglesia, y en qué me iba a convertir cambió dramáticamente. Mientras más aprendía acerca de Dios y vivir como un seguidor de Cristo, más cambiaban las expectativas, y mis ideas confusas —acerca de todo de la iglesia al pecado y a la gracia- fueron corregidas. Sorpresivamente, mientras más sabía la vida realmente se volvía más simple. El proceso de ninguna persona llega a ser completo, incluyendo el mío, pero nunca habría logrado ningún progreso o llegado a este punto sin primero formular algunas preguntas muy elementales.

Sea que usted recientemente ha tomado una decisión de fe por primera vez o que recientemente haya tenido una experiencia que lo llevó de regreso a un compromiso personal con Dios, usted todavía tiene preguntas, ¿verdad? A pesar de sus muchas preguntas y temores, ¿está emocionado? Debería estarlo, hijo de Dios. La puerta a la aventura de toda la vida acaba de ser abierta para usted —es el día de apertura y usted ha recibido el boleto para vivir. No se sienta avergonzado si usted tiene preguntas acerca de Dios y su nueva vida. Abrace la aventura al buscar las respuestas. Usted no hallará las respuestas a todas sus preguntas en estas páginas, pero al menos puede tener un comienzo, eche algunas de las molestas fuera del camino, y empiece a disfrutar la vida con Cristo.

Pregunta 1

"¿Qué acaba de acontecer?"

Por tanto, si alguno está en Cristo, es una nueva creación.
¡Lo viejo ha pasado, ha llegado ya lo nuevo!

2 Corintios 5:17

Así que oraste una oración. ¿Cómo te sientes? Yo sentí como si el peso del mundo se me acabara de quitar de mis hombros. Algo profundamente espiritual me sucedió esa noche del 22 de diciembre de hace muchos años. Aunque en ese tiempo no creía en ángeles, en realidad volteé a mirar si había alguno en mi habitación.

Algunas personas no experimentan una sensación tan extraordinaria, pero eso no significa que su experiencia sea menos verdadera.

¿Puede estar de acuerdo con las siguientes declaraciones?

Sé que Dios me creó para establecer una relación personal conmigo.

Antes de aceptar a Cristo, yo rechazaba esa relación y hacía de mí mismo la prioridad de mi vida. Pequé —hice cosas en contra de los deseos de Dios y me causaron daño a mí y a otros.

Ya que Dios es perfecto y sólo lo perfecto puede estar en su presencia, el pecado me separó de Él; y separado de Él, no tengo poder para enmendar esta relación.

No obstante, Dios me amó tanto que envió a su único Hijo, Cristo, para pagar el castigo de todo mi pecado. Cristo murió y resucitó para que yo pueda estar en relación con Dios por toda la eternidad.

¿Desea usted ser libre de su pecado y reconciliado con Dios, y cree que eso lo puede obtener sólo confiando en la muerte y la resurrección de Jesucristo a su favor? ¿Cree que Dios es capaz de hacer lo que ha prometido? ¿Sí? Entonces, esto es lo que ha sucedido:

Usted es una nueva creación.

Todos sus pecados, pasados, presentes y futuros fueron perdonados. Eso no significa que no volverá a pecar, sólo significa que no será condenado por esos pecados.

En el momento de la salvación, se le dio un regalo muy real además del perdón. Cristo le dio su Espíritu.

Eso significa que Cristo está vivo en usted y sirve a un propósito maravilloso. Cristo promete que el Espíritu le guiará, enseñará y ayudará con todas sus decisiones.

Vea usted, su nueva vida ha comenzado, pero el antiguo mundo donde vive aun existe, y su pasado ha dejado un impacto residual en su mente y en su cuerpo. Continuamente usted cambiará para bien si lo quiere, pero no lo puede hacer bien por su cuenta.

Ahora está en una relación personal con Dios —una relación muy íntima, de la clase en la que Él conoce todo y usted puede sentirse con libertad para compartir cada temor, frustración, falla, esperanza, alegría, dolor y sueño. Todo eso es cierto, pero usted necesita aprender cómo Dios le habla a usted y cómo hará Él para cambiarle. Él habla a través de personas, así que usted es llamado a una relación con otros que creen en Cristo y con aquellos que no creen. Él habla a través de la Biblia, de manera que usted debe aprender a escucharlo a través de ella. Él le habla directamente a usted, así que debe aprender a comunicar y escuchar. Es como lograr conocer a cualquier otra persona —deben pasar tiempo juntos.

EN CONCLUSIÓN:

La cosa más extraordinaria y significativa ocurrió en su vida cuando confió en Cristo, pero fue sólo el comienzo y usted tropezará con cierta frecuencia. No se preocupe, esto no es algo que usted debe "hacer correcto," es algo que usted ya es. Ahora usted solo necesita deducir lo que esa nueva persona es, lo que significa entender más acerca de Dios. Empecemos juntos —los tres.

HABLE CON DIOS:

Si oró para recibir a Cristo, déle gracias a Dios por lo que Él hizo por usted. Si no lo recibió o no está seguro, hoy es un gran momento para hacerlo. Pídale que le hable mientras lee este libro y que lo haga consciente de cómo Él se comunica con usted durante el día.

CAVE MÁS PROFUNDO:

Lea en su Biblia Romanos 3:23, Romanos 6:22-23; Romanos 5:6-8 y Juan 5:24. Si no entiende cómo se aplican estos versículos para usted, consiga una Biblia con notas y lea la explicación a estos versículos. Luego hable de ellos con alguien en quien usted confía. Es MUY importante que entienda estos conceptos a la luz de su nueva relación con Cristo.

Pregunta 2

"¿Qué sucederá enseguida?"

No se amolden al mundo actual, sino sean transformados mediante la renovación de su mente. Así podrán comprobar cuál es la voluntad de Dios, buena, agradable y perfecta.

Romanos 12:2

SHREK: Para tu información, hay mucho más acerca de los ogros que lo que la gente piensa.

BURRO: ¿Ejemplo?

SHREK: ¿Ejemplo? Bueno, veamos, los ogros son como las cebollas.

BURRO: (olfatea) ¿Apestan?

SHREK: Sí. ¡No!

BURRO: ¿Te hacen llorar?

SHREK: ¡No!

BURRO: Las dejas en el sol, se ponen color café, comienzan a brotar pequeños cabellos blancos.

SHREK: ¡No! ¡Capas! ¡Las cebollas tienen capas! ¡Los ogros tienen capas! ¡Las cebollas tienen capas! ¿Entiendes? Ambos tenemos capas. [Suspira]

BURRO: Ah, los dos tienen capas. Ajá. [Olfatea] Sabes, no a todos les gustan las cebollas. ¡Pasteles! ¡A todos les gustan los pasteles! Los pasteles tienen capas.

SHREK: No me interesa lo que les gusta a todos. Los ogros no son como los pasteles… ¡Los ogros son como las cebollas! Fin de la historia. Adiós. ¡Nos vemos después! [1]

El burro no podía imaginar por qué alguien, aun un ogro, querría que se pensara de él como una cebolla. Las cebollas tienen un fuerte olor. De hecho, pele una capa de una cebolla y olerá bastante. Finalmente, el olor amaina, hasta que usted pela otra capa. Y así sucesivamente, hasta que no quede más cebolla. Es simplemente un montón de capas olorosas y cada una huele tan mal como la última. Aunque las capas se vuelven más pequeñas a medida que avanza, el olor es igual.

El cristiano es exactamente igual. ¿No suena atractivo? Bueno, los ogros no piensan así, y tampoco los cristianos maduros.

No puedo decir lo que específicamente le sucederá a usted, pero puedo decir lo que sucederá dentro de usted. Ahora que tiene este corazón nuevo, este espíritu nuevo viviendo en usted, una nueva batalla ha comenzado. La batalla por su alma se ha ganado, pero la batalla por su mente acaba de comenzar.

Todas las acciones, buenas o malas, comienzan en la mente. El espíritu nuevo en usted está allí para renovar su mente, para cambiarla, para que vea con claridad, y luego ayudarle a responder apropiadamente. Todos hemos crecido creyendo mentiras acerca de nosotros mismos, acerca de Dios, y acerca de los demás. Estas mentiras echaron raíz hace muchos años y desde entonces brotaron y produjeron cualquier clase de fruto oscuro. Como un ejemplo, si usted creía que la alegría y la felicidad en su vida dependían de lo que otros pensaran de usted, el fruto de esa mala semilla probablemente se manifestó como una incesante necesidad de agradar a otros cambiando usted para acomodarse a ellos.

Las mentiras que usted cree lo conducen a las mentiras que usted vive. Pero Cristo dice que Él es el camino, la verdad y la vida. Él es verdad, con su Espíritu que reside en su corazón, ahora usted tiene la verdad dentro de usted. La batalla interior, por tanto, es entre verdad y mentiras. No existe una gran "arma nuclear de la verdad" que barra al enemigo de una sola vez −lo cual es bueno, ya que la inmediata des-trucción de las mentiras que están tan profundamente enraizadas dentro de su idea de sí mismo realmente pudiera destruirlo a usted. Así que se busca al enemigo uno por uno, se le descubre y destruye en un combate mano a mano.

Todas esas mentiras que usted ha creído a lo largo de su vida −sea que vengan de experiencias de la infancia, los medios de comunicación o influencia espiritual-deben ser sacadas de raíz una a la vez. Así como pelar las capas de la cebolla, cada vez que se revela una mentira usted quiere voltear su cabeza. Pero esa respuesta también es una mentira. Seguro, el pecado es malo, pero el Espíritu Santo dentro de usted revela el pecado como una prueba de que Dios lo ama y lo quiere cerca. Él lo revela para que puedan tratar con él juntos, confiando en que Dios lo cam-biará en el proceso.

EN CONCLUSIÓN:

Usted no sabrá los detalles de cómo su vida se desarrollará, pero los detalles de su corazón deben ser revelados y entendidos para que usted encuentre gozo y paz. Dios ya ha comenzado ese proceso. Si usted se siente triste cuando ha pecado y busca a Dios, eso viene de Dios. Si se siente condenado, ese es su ego antiguo mintiéndole otra vez para alejarlo de Dios —para convencerlo de que Dios ya no lo ama, o que usted no es digno de su amor. Usted debe recordar que Dios revela el pecado para que usted pueda conocerlo mejor al confiar que Él puede cambiarlo, sanarlo y hacerlo libre. Este proceso nunca termina. Abrácelo con alegría o viva una vida de derrota. Yo prefiero victoria y alegría.

HABLE CON DIOS:

Ore para que Dios le revele lo que desea cambiar en usted. Agradezca a Dios por el Espíritu Santo y la convicción que viene de conocerle. Agradézcale por no condenarlo, sino por revelar su pecado para librarlo de él. Pídale que le muestre el siguiente paso y acéptelo aun si lo hace sentir incómodo.

CAVE MÁS PROFUNDO:

Ore pidiendo entendimiento de parte del Espíritu de Dios. Luego lea Juan 16:5-15 y escriba lo que piense que el Espíritu Santo le dice a usted acerca de su papel en su vida.

---

1 De la película Shrek, ® y © 2001 DreamWorks LLC.

"¿Cuál es mi siguiente paso?"

*Pidan, y se les dará; busquen, y encontrarán; llamen, y se les abrirá.
Porque todo el que pide, recibe; el que busca, encuentra;
y al que llama, se le abre.*

Mateo 7:7-8

La fe comienza hoy. La fe comenzará otra vez mañana, y el día siguiente, y el que sigue. Dios continuamente le llamará a situaciones que requieren que usted escoja confiar completamente en Él o confiar en usted mismo o en otros. Cómo escoge usted enfrentar las circunstancias de la vida —con fe o sin ella- lo separará o lo mantendrá unido.

¿Ha visto alguna vez a un artista trabajar? Ellos comienzan con unas cuantas líneas o un par de salpicones de pintura sobre el papel o lienzo que tiene sentido sólo para el artista. La obra completa ya está en la mente del artista pero sólo él la puede ver. Con cada golpe de lápiz o pincel, surgen más detalles. Pero hasta que la obra esté terminada, usted no puede estar totalmente seguro de lo que el artista tiene en mente —él podría sorprenderlo. Dios, el artista supremo, quiere que usted se mantenga y vea a medida que Él pinta su propio cuadro en la vida de usted. Cada decisión, momento, mentira, temor, o esperanza que usted le confía a Él es otra pincelada sobre el lienzo. Poco a poco, su rostro se vuelve claro. A medida que la imagen toma forma, sus ojos siempre tiernos penetrarán su corazón y sus fuertes manos lo invitarán al cuadro.

Hay muchas cosas que usted no sabe hoy. Lo mismo será cierto a lo largo de su vida porque usted está en relación con un Dios que es infinitamente más grande de lo que usted puede llegar a comprender. Pero en realidad, ¿le gustaría que fuera de otra manera? Saber que mientras usted viva en este planeta habrá más que descubrir acerca de Dios y de usted mismo mantiene la vida emocionante.

Dios no espera que usted sea superman; ese es el trabajo de Él. Aun edificar su fe es el trabajo de Él, pero usted debe permitir que eso suceda. Sucede un poco a la vez con cada elección diaria de confiar. La vida está llena de sorpresas, así puesto que Dios no le da una bola de cristal para ver el futuro, usted seguirá sin saber qué pasará o qué hacer —así como cuando usted no conocía a Cristo. La diferencia ahora es que usted tiene algo en que confiar, un lugar a donde ir, y alguien en quien depender. Esa cosa, ese lugar, esa persona es Dios y su carácter.

Su siguiente paso es hacer lo que mejor le ayudará a conocer a Dios: Confiar en Él en los lugares donde usted se siente más incómodo. Si tiene ansiedad acerca de algo ahora mismo, ese puede ser el lugar exacto donde Dios escoge revelarle más de sí mismo. Usted debe entrar a ese lugar o seguir con ansiedad.

Si todavía no lo hace, necesita hablar con alguien que tiene una relación saludable con Dios acerca de su decisión de seguir a Cristo. Luego necesita pedir ayuda. "Pero espere, usted dijo que necesito tener fe en Dios." Así es, y aquí es donde comienza. Usted necesita admitir su ignorancia y necesidad, hacer a un lado su orgullo y decir: "Yo no sé mucho acerca de Dios y la Biblia, y necesito que alguien me enseñe."

EN CONCLUSIÓN:

Usted realmente dio un gran paso cuando escogió creer que Cristo puede cambiar su presente y futuro, y ahora es tiempo de practicar caminar. Pida a Dios que lo guíe a una persona que pueda ayudarle. Comience leyendo la Biblia y pida a Dios ayuda para entender lo que Él quiere decirle. Sobre todo, si usted tiene una pregunta —PREGUNTE. Si usted tiene una preocupación —PREGUNTE. Pero manténgase moviendo hacia adelante. Tocar puertas es una acción que requiere iniciativa personal. Requiere fe que alguien del otro lado es bueno y le dará la bienvenida. Eso está bien. Dios le espera y tiene una cena calentando.

HABLE CON DIOS:

Pida a Dios que le revele cualquier cosa que pueda estar en el camino de confiar en Él. Hable con Él acerca de cuál es la raíz de ese temor y cómo superarlo.

CAVE MÁS PROFUNDO:

Escriba cómo su perspectiva de Dios ha cambiado a través de los años y cómo le gustaría que cambiara en el futuro.

Pregunta 4

"¿Cómo sé que algo sucedió?"

Que si confiesas con tu boca que Jesús es el Señor, y crees en tu corazón que Dios lo levantó de los muertos, serás salvo. Porque con el corazón se cree para ser justificado, pero con la boca se confiesa para ser salvo.

Romanos 10:9-10

Nadie ha visto jamás a Dios, pero si nos amamos los unos a los otros, Dios permanece entre nosotros, y entre nosotros su amor se ha manifestado plenamente. ¿Cómo sabemos que permanecemos en él, y que él permanece en nosotros? Porque nos ha dado de su Espíritu. Y nosotros hemos visto y declaramos que el Padre envió a su Hijo para ser el Salvador del mundo. Si alguien reconoce que Jesús es el Hijo de Dios, Dios permanece en él, y él en Dios. Y nosotros hemos llegado a saber y creer que Dios nos ama. Dios es amor. El que permanece en amor, permanece en Dios, y Dios en él. Ese amor se manifiesta plenamente entre nosotros para que en el día del juicio comparezcamos con toda confianza, porque en este mundo hemos vivido como vivió Jesús. En el amor no hay temor.

1 Juan 4:12-17

"¿Cómo puede alguien saber si no tiene una hora o fecha específica, o alguna experiencia espiritual extraordinaria?"

"Oré y creí. Se me dijo que era todo lo que necesitaba para ser salvo, ¿pero cómo puedo estar seguro?"

"No siento ni veo nada diferente; y es seguro que no actúo muy diferente."

"En ese momento pensé que era real, pero apenas unos días después comencé a tener dudas."

"¿Realmente puedo saber?"

¿Alguna vez se ha levantado en la mañana con la marca de la almohada en su cabeza y preguntándose si lo que su confusa memoria recuerda como algo que realmente sucedió la noche anterior fue un sueño o una realidad? Todos pasamos por momentos cuando nos preguntamos qué es real. Quizá usted piensa acerca de su experiencia de salvación. ¡Usted no es el primero! A decir verdad, realmente espero que usted se haga esa pregunta, por un par de razones.

Primero, el hecho de que usted se pregunta acerca de su salvación puede muy afirmar que usted ha tomado una verdadera decisión de seguir a Dios. Eso puede parecer lógico, pero permítame explicar: Si existe un mundo espiritual que procura que las personas descansen en la gracia de Dios (a propósito, existe), esas fuerzas malignas no se dan por vencidas una vez que la persona toma la decisión de confiar en Cristo. La mejor táctica del enemigo para minar su futuro es convencerle de que nada ha sucedido, luego lo conduce de regreso a su antigua vida, y lo hace negar cualquier intento por un cambio verdadero. Así que si su relación con Dios es atacada en alguna manera, probablemente sea porque su relación es verdadera. De otra manera Satanás no se preocuparía.

Esa no es la mejor razón, y probablemente sea algo que sólo unos cuantos necesitan escuchar, pero la otra razón en la que espero que usted profundice al preguntarse si es salvo o no es porque los creyentes que se preguntan acerca de su salvación por lo general terminan con una comprensión más profunda de su necesidad del amor de Dios y de su inagotable provisión. Dios no le teme ni tampoco le ofenden nuestras preguntas. De hecho, él las alienta, así que la decisión que usted ha tomado para seguir a Dios es un gran punto para comenzar. La verdad es que si usted no se pregunta, alguien más lo hará.

Una vez me sentía orgulloso al hacer víctimas de los confiados cristianos que me evangelizaban. Tales reuniones eran desastrosas para aquellos que nunca habían analizado de verdad su propia decisión. Unas cuantas preguntas bien colocadas como "Sin usar versículos de la Biblia, dime el impacto que Dios ha tenido en tu vida," y unas pocas preguntas del estilo "¿Cómo puedes estar realmente seguro?" junto con teorías científicas presentadas como hecho era todo lo que por lo general necesitaba para trastornar sus posturas. Muchas veces ellos salían llorando, poniendo en duda su propia salvación mientras yo estaba sentado sumido en muda aprobación, viéndolos escabullirse con temor y confusión. Tenga cuidado de aquellos que son como yo era antes. Ellos están allí: el tipo de la oficina; la joven lastimada por un líder de su iglesia; la voz en su cabeza que le susurra: "Nada ha cambiado."

Afortunadamente, es posible y obligado saber, para que usted pueda envolverse en los negocios de la vida. Recuerdo la primera vez que instalé una red de computadora, sin tener realmente una idea de lo que estaba haciendo. Instalé todas las tarjetas de la red, conecté los cables y las computadoras, cargué el programa cifrado –sólo siguiendo las instrucciones- y luego sostuve el aliento cuando la primera computadora trató de conectar.

Trabajé, pero tenía la sensación de que todo se desintegraría en cualquier momento. Sin embargo, tuve que suponer que funcionaba, que era lo suficientemente bueno para lo que yo necesitaba o nada se habría logrado nunca. Una computadora más instalada, luego otra, y otra –hasta que todo estaba funcionando, archivos e impresoras y la información se compartía inconsútil. La tecnología de todo ello todavía me resultaba un misterio, pero meses después, todavía estaba traqueteando junta. Después de esa exitosa experiencia, nunca puse en duda otra instalación y pude enfocarme en aspectos más importantes de la tecnología. La instalación era un paso elemental y el mundo verdadero comenzaba a partir de allí. Así es con Cristo.

No hay una forma "correcta" de aceptar a Cristo. Usted puede orar con alguien, seguir un documento punto por punto; leer un libro; ver un versículo y saber que es verdad; orar a solas en su casa, auto, habitación de hotel, avión; orar junto a un programa de TV. El "cómo" no hace ninguna diferencia. Conozco a alguien que sólo puede rastrear su aceptación de la verdad de Cristo a un vago recuerdo de escuchar una popular canción de rock en la radio en su recámara. En ese momento, ella simplemente supo que Jesús era real y verdadero –y que ella nunca sería la misma.

Apenas el mes pasado, una joven radiante llamada Anya que había asistido a las clases de Biblia durante casi dos años comenzó a llorar en la iglesia un domingo. Ella lloró de nuevo en un parque esa tarde, luego durante una fiesta de piscina, camino a su hogar, durante la noche, y el día siguiente. Cuando le pregunté si sus lágrimas eran de felicidad o de tristeza, ella contestó que eran de felicidad. Al día siguiente cuando sus amigos íntimos dijeron: "Tú no necesitas tomar una decisión hasta que recibas respuesta a tus más importantes preguntas acerca de Jesús," ella contestó: "Creo que no tengo más preguntas. Creo y pienso que ocurrió ayer." En vez de necesitar una oración de salvación, Anya estaba lista para hacer una oración definitiva agradeciendo a Dios porque Jesús había muerto por ella y por darle su Espíritu. Ella sabía que estaba hecho.

Si alguien dice alguna vez: "No lo hiciste de este modo o de aquel, entonces no eres salvo," puede ignorarlos libremente, si puede confiar en estas dos pruebas:

¿Seguiste las instrucciones?

¿Funcionó?

Las instrucciones simplemente dicen que usted realmente necesita creer que Jesús murió por sus pecados y resucitó de la muerte. ¿Lo cree? Bueno, eso lo pone en la misma posición que Satanás. Él cree que Jesús murió por sus pecados y resucitó de la muerte, también –pero él no lo va a confesar como Señor. Confesar a Cristo como Señor significa que usted desea ponerlo en una posición de autoridad en su vida –la suprema autoridad. Decirlo –en voz alta- hace toda la diferencia. Pero fe sin acción no vale nada y puede realmente resultar peligrosa.

Si usted está de pie sobre las vías del tren y ve un tren acercarse y usted tiene una total comprensión intelectual y acepta que al caminar fuera de las vías del tren salvará su vida pero se rehúsa a actuar sobre ese entendimiento, tendría garantizada su muerte. La fe es nada sin acción. Si usted cree pero no puede decirlo en voz alta, probablemente todavía haya algo en su interior que no quiere perder el control. Deténgase ahora y determine que es eso y luego seguiremos hablando.

Pero si usted creyó con su corazón y confesó con su boca, hay otra acción para esa fe que prueba su salvación. No, no es lo que usted "hace" por su iglesia, o "hace" diferente al comportarse como una persona más moral. La mayoría de las personas pueden cambiar su conducta si lo desean. No se requiere necesariamente el Espíritu de Dios en absoluto. La diferencia no es lo que usted hace sino lo que usted es. Usted no tiene que sentirse o verse diferente enseguida, porque a veces los cambios ocurren lentamente, pero finalmente alguna de estas preguntas sonarán ciertas para usted:

¿Siente culpa por algo que una vez sintió normal? Ese es el Espíritu de Dios diciendo que le quiere hacer libre de algo que le lastima.

¿Sufre por alguien más? ¿Sufre por extraños? Ese es el corazón de Dios moldeando el suyo a su imagen.

¿Quiere hablar a las personas acerca de Dios? Esa es la pasión de Dios infectándolo a usted.

¿Halla que al leer la Biblia, se ve diferente o tiene más sentido? Esa es la Palabra de Dios cobrando vida mediante la interpretación del Espíritu en usted.

¿Le frustra que otros no vean lo que usted ve? ¿Sus amigos o familiares lo tratan diferente? Esa es la verdad de Dios brillando a través de usted en la oscuridad.

¿Hay nuevas emociones en usted, sin importar cuán confusas puedan ser? Esa es la nueva creación que está en usted, tratando de traspasar la costra de muchos años de prisión.

¿Alguna vez ha tenido la urgencia de hacer lo correcto, aun cuando usted todavía no actúa así? Esa es su nueva vida empujando hacia la superficie.

¿Desea dar a otros lo que no merecen, como una palabra buena, un toque amable, ayuda financiera –o, al revés, dejar de darle palabras hirientes, toques ásperos, o deudas de castigo? ¿Se está volviendo más comprensivo hacia las necesidades de otros? Eso es amor –la fuente del cual es Dios. Él no "enseña" amor –Él ES amor. Si usted lo tiene creciendo en usted, tenga la seguridad de su salvación.

Aun si estas últimas pruebas no son tan evidentes todavía en usted, probablemente lo sean para otros. Dé algo de tiempo. No tenga tanta prisa como para cambiar radicalmente y no trate de forzar el cambio. A su debido tiempo, si usted cree, confiesa y confía, todo sucederá. La verdad es verdad. La promesa de Dios es real. Tal vez ese sea su segundo paso de fe.

EN CONCLUSIÓN:

Las dudas no son un gran problema porque nunca pueden cambiar lo que es verdad. Ellas sólo se convierten en un problema cuando les da el poder de alejarlo de la verdad. Siga confiando en la muerte y resurrección de Jesucristo que cambia vidas y los cambios vendrán poco a poco, si usted desea estos cambios y ora para que Dios lo mueva en esa dirección. Esa es una promesa. Esa es la promesa de Dios. Si Él lo dice, así es. ¿Escogerá confiar en eso también?

HABLE CON DIOS:

Déle gracias a Dios por su salvación y dígale lo que usted piensa al respecto. Pídale que le revele otras partes de su vida donde Él quisiera darle nueva libertad.

CAVE MÁS PROFUNDO:

Haga una lista de lo que usted cree que Dios ha hecho por usted. Cuando otros que lo conocieron "antes" y "ahora" hablen de cómo usted ha cambiado, escriba sus comentarios. Pida a Dios que le muestre si esos son los cambios que Él quiere para usted.

Pregunta 5

"¿Seré feliz?"

Siempre tengo presente al SEÑOR; con él a mi derecha, nada me hará caer. Por eso mi corazón se alegra; y se regocijan mis entrañas; todo mi ser se llena de confianza. No dejarás que mi vida termine en el sepulcro; no permitirás que sufra corrupción tu siervo fiel.

Salmo 16:8-10

Hoy, mientras escapo a mi computadora para escribir estos pensamientos, me siento triste y quebrantado en mi interior. Este dolor no puede achacarse a mi café matutino con el *New York Times*, cuyas páginas están repletas de historias de batallas mortales alrededor del mundo, groseras editoriales representando falsamente el cristianismo y la verdad bíblica, o el apoyo del sistema legal para el declive moral de nuestra sociedad. El dolor tampoco se puede atribuir a la conversación que tuve la noche anterior con varios miembros de mi familia acerca de perturbadoras noticias que han creado mucho dolor, dañando la confianza y la esperanza entre seres amados. Tampoco se debe al bebé que le nació muerto a una de mis amigas la semana pasada, o a la noticia de ayer de que un colega de muchos años, y desde cualquier ángulo un gran tipo, murió repentinamente dejando una esposa y dos niños gemelos solos y en la orfandad. Vaya que ha sido una semana difícil, pero no culpo a nada de ello por mi tristeza. No, este dolor es culpa de Dios.

Es posible que esto le suene raro y posiblemente un poco más que perturbador, especialmente al considerar el encabezado bajo el cual se hallan esas palabras. ¿Estoy airado con Dios? En lo más mínimo. ¿Estoy resentido? No desde hace muchos años. No, hoy soy maduro. Mañana me pudiera comportar más infantil espiritualmente, aunque oro porque no sea así, pero hoy estoy sobrio con el corazón de Dios. Hoy no sólo veo la soledad y oscuridad de este mundo como Dios la mira, aunque desde mi comparativamente limitada visión, pero también exalto a mi Señor, y eso me hace sonreír.

No me entienda mal, me siento terriblemente triste hoy. Y físicamente lastimado en mi interior por el dolor de otros, pero veo esto como un don de mi amado Padre. La tristeza no es el destino; es, pienso, el transporte necesario para el feliz arribo a la meta espiritual de la madurez. El egoísmo y el orgullo me aislaron por un tiempo del dolor de los demás, pero Cristo cambió todo eso y despertó la compasión.

La tristeza no define su crecimiento o lo hace maduro espiritualmente, como tampoco lo puede hacer la felicidad –como no lo puede hacer ninguna otra emoción. Lo que define su madurez espiritual en cualquier momento *es lo que no se mueve más que lo que lo mueve a usted.* ¿Qué es lo que no se sacude en las tormentas de los traumas de la vida? ¿Qué es lo que no se extingue por el viento de la convicción? ¿Qué es lo que no cede bajo la fuerza de los elogios y el éxito?

Sentado hoy durante el almuerzo junto a mi íntimo amigo y confidente, Scout, le hablé de mi semana y le conté de mi decisión de ayunar como para beber a fondo esta tristeza. Claro que es extraño anunciar un ayuno durante la reunión del almuerzo, pero el día estaba programado y yo valoraba el tiempo con Scout más que la comida. Como era de esperar, él quiso darme ánimo, pero yo detuve su intento. Este día debe ser triste, y yo ayuné para no pasar por alto nada, para elevar la conciencia, y para que cada punzada de hambre me recuerde que debo orar.

Expliqué cómo en mi tristeza todavía celebro a Dios, porque no obstante estas circunstancias penosas, ellas no cambian la realidad de quien soy o la realidad del carácter, poder y amor que he llegado a conocer de mi Señor. Ellas no cambian. Estas verdades a través de las pruebas de hoy se hallaron firmes, inconmovibles y totalmente reales.

La maravilla de la vida, la esencia del verdadero gozo que Dios da, se halla en este conocimiento –paz a pesar de las circunstancias, esperanza sin importar la dificultad, la verdad desafiada sin encontrársele defecto. Sé que Dios está en control y que Él permitirá que las cosas malas que sucedan en la vida sean usadas para bien. Las cosas malas no dejan de ser malas, pero al final no podrán vencernos. Se puede tener paz en la tristeza tanto como en la felicidad, sin evitar o aferrarse demasiado a ninguna de ellas. Más específicamente, la promesa de Cristo del don de Dios del Espíritu Santo es exactamente eso. Este don de la vida cristiana en ninguna manera define las circunstancias que vendrán en su camino. No se le promete una vida fácil o incómoda, libertad financiera o pobreza, evitar la muerte o enfermedad, o aun felicidad o tristeza. No se le promete que la vida será diferente, pero se le asegura que vivir puede cambiar.

¿Lo entristece esto? ¿Está deprimido porque esto no llena sus expectativas? ¿Había esperado que la vida cristiana hiciera que todas sus penas desaparecieran y la justicia estuviera de su lado ahora que el poder de Cristo está en su esquina?

Si es así, anímese. No permita que una pizca de la sobria realidad le desvíe de una vida maravillosa de esperanza y paz genuina. Dentro de las dificultades de la vida, más que de las celebraciones, usted descubrirá su mayor necesidad de Dios, y es allí donde se encuentra la alegría —en el conocimiento de la bondad, amor y poder de su Creador y Salvador. Esta no es una descripción de un grupo elite de superhéroes espirituales. Esto es para lo que usted fue hecho. ¡Esta es la vida cristiana *normal*!

Hay una gran diferencia entre gozo y felicidad. La felicidad es un sentimiento, y los sentimientos vienen y se van. Usted será feliz como cristiano, pero el ser cristiano no garantiza su felicidad porque Dios todavía no ha decidido sacarlo de este mundo. La vida todavía sigue —a veces con usted, otra veces en usted. Algunas veces usted debe estar triste, y espero que con más frecuencia encuentre felicidad. El gozo y la paz, sin embargo, pueden existir en medio de todo si usted busca una mayor comprensión de Dios.

EN CONCLUSIÓN:

Sí, usted será feliz, probablemente más que nunca, pero no se detenga allí. La vida con Dios ofrece mucho más. Coloque su perspectiva más arriba que las emociones. Busque la verdad. Busque a Dios. Pregunte "quién" es Dios, no "por qué" Él elige permitir que ocurran cosas malas, y usted recibirá respuestas.

HABLE CON DIOS:

Agradezca a Dios por su sabiduría y pida que lo ayude a entender y confiar más. ¿Hay algo que lo entristece? Si es así, pida a Dios que le muestre cómo deleitarse en Él en medio de la tristeza.

CAVE MÁS PROFUNDO:

Algunas Biblias tienen una concordancia al final que le permite buscar versículos mediante palabras clave. Use la concordancia y busque los versículos que contengan la palabra gozo. Escriba al menos un versículo que se siente familiar en su corazón o despierta un anhelo o deseo en usted.

PREGUNTA 6

"¿QUÉ NECESITO AHORA?"

Sobre este tema tenemos mucho que decir aunque es difícil de explicarlo, porque a ustedes lo que les entra por un oído les sale por el otro. En realidad, a estas alturas ya deberían ser maestros, y sin embargo necesitan que alguien vuelva a enseñarles las verdades más elementales de la palabra de Dios. Dicho de otro modo, necesitan leche en vez de alimento sólido. El que sólo se alimenta de leche es inexperto en el mensaje de justicia; es como un niño de pecho. En cambio, el alimento sólido es para los adultos, para los que tienen la capacidad de distinguir entre lo bueno y lo malo, pues han ejercitado su facultad de percepción espiritual.

Hebreos 5:11-14

Su vida entera ha sido una mentira, una farsa, una apariencia de escape y búsqueda de confort, y una negación de la verdad. Pero ahora usted ha escogido la verdad a cualquier precio. Usted sabe que la verdad a veces duele, pero siempre es el mejor camino en la larga carrera. Usted está cansado de mentiras. Está hastiado de lastimarse a sí mismo y a otros. Usted quiere libertad. Usted quiere vivir una vida que honre a Dios. Usted entiende su necesidad y ha vuelto su vida al Creador del universo.

Este es el primer paso de su nueva vida. Lo que le falta de experiencia lo suple con entusiasmo. Tal vez no esté adiestrado para reconocer necesidades y pedir ayuda tan bien como los adictos en recuperación lo hacen, pero tiene una forma inicial de pensar mejor como ellos. Necesita conseguir ayuda para romper antiguos patrones o modelos en su vida, y el conocimiento de sus riesgos le da una sobria (perdón por el juego de palabras) expectación de que será difícil. Usted debe conseguir una lista de personas a quienes acudir en tiempos de tentación, dudas o aun alegría. Usted debe comenzar a compartir estos sentimientos y experiencias con compañeros creyentes tan pronto como pueda, porque si no lo hace, cada vez se volverá más difícil. Hay una cómoda vulnerabilidad que queda del primer olor de gracia poco después de aceptar a Cristo, pero se esfumará si no se alimenta.

Busque a alguien que camine con usted en ese primer año. El reunirse y estudiar con un creyente maduro o en un grupo de tres o cuatro durante un año lanzará su desarrollo espiritual hacia delante. Este es el tiempo más importante en su desarrollo porque es su tiempo más vulnerable. Tome su madurez espiritual con la seriedad de un ex adicto que desesperadamente desea vivir una vida sobria, y esté dispuesto a hacer lo que sea para permitir que eso se haga una realidad.

No se precipite para servir e involucrarse en las actividades de la iglesia. Al principio, está bien pensar un poco de manera egoísta, porque usted necesita dar un buen trato a esta nueva persona llamada usted. Está bien decir no, todavía no, pero mantenerse abierto a la dirección de Dios. Si usted se ofrece para colaborar en algo, asegúrese de hacerlo con alegría y no con un sentido de obligación. Si lo hace, esté seguro de hacerlo para Dios y no sólo por el deseo de encajar en la comunidad. Estará dando, tal vez por primera vez, una vista sincera en su vida –pasada, presente y futura. Esto es un asunto serio y requiere tiempo. No suponga que ocurrirá porque sí. Sus principales hitos serán treinta, sesenta, noventa días y un año. Si usted invierte todo su corazón en descubrir quién es Dios y quién es usted como un seguidor de Jesucristo, los dividendos pagarán el resto de su vida.

Una gran manera de comenzar a resolver esto, obtener una buena perspectiva, y celebrar el valor de la comunidad es contar su historia. No hay una forma correcta o equivocada de cómo hacerlo, pero es imperativo aceptar y entender lo que ha sucedido. Comience con una persona que haya estado involucrada en su proceso de descubrir a Cristo, luego intente hablar a un grupo de creyentes, y tal vez finalmente a toda la iglesia. Lo que aprenderá acerca de Dios a medida que bosqueja su historia y responde las preguntas que las personas hacen cimentará su decisión e impactará positivamente a muchas otras personas. Comenzará a ver a Dios obrando a través de usted y le garantizo que aprenderá a anhelar cada vez más de Él –*Especialmente* si el pensar hacer esto lo mata de miedo.

Usted también comenzará a desarrollar un amor por la Palabra de Dios, lo cual es el paso más importante a la madurez espiritual. Todas las respuestas a la vida y libertad se hallan en ese libro, si sólo puede aprender a discernir la guía del Espíritu Santo al leerla y estudiarla. Todo lo que ha deseado saber de usted, de Dios y de la vida de alguna manera conectará su experiencia con ese libro. Si enfoca sus esfuerzos allí y luego actúa sobre los cambios que ocurren en usted, todas las cosas son posibles.

EN CONCLUSIÓN:

Usted fue cambiado el momento que confió en Cristo con su pasado, presente y futuro. Ahora es tiempo de sanar y ayudar a otros a encontrar sanidad. Su prioridad es su desarrollo espiritual, lo que es aprender a discernir la voz de Dios, entender su Palabra, y actuar sobre los cambios que ocurren en usted. Dios traerá a usted personas que le ayuden, pero depende de usted sacar ventaja de tales recursos. No se distraiga actuando como un cristiano. No se conforme con ser cambiado –¡Vuélvase extraordinario!

HABLE CON DIOS:

Agradezca a Dios por crearlo –por *hacerlo nacer de nuevo* como una persona con un corazón nuevo, perfectamente limpio. Reconozca que Él puede cambiarlo y madurarlo si usted lo permite. Pida que le ayude a hacer de su madurez espiritual una prioridad. Dígale a Dios que usted le da libertad para hacer lo que Él quiera para que Él llegue a ser la prioridad de usted (Puede ser una oración atemorizante si usted la hace de todo corazón – pero confíe en la bondad de Dios y todo estará bien).

CAVE MÁS PROFUNDO:

Vaya a un parque o a un lugar de juego y pase algún tiempo observando a los niños mayores de un año. Observe cómo los niños estiran los linderos de sus limitaciones mientras tratan de hablar, caminar, correr, escalar o sólo levantarse. Vea cómo la mayoría de los niños se levanta cuando caen e intentan de nuevo. Piense en paralelos con su desarrollo espiritual. Piense acerca de aspectos de los niños que los llevan a la madurez y decida imitarlos. ¿Tiene curiosidad acerca de Dios? ¿Está dispuesto a tomar la mano de alguien mayor y que quiere apoyarlo y guiarlo? ¿Qué tan consciente es de sus limitaciones y habilidades? ¿Tiene la tentación de caminar y correr antes de aprender a gatear? ¿Puede estar contento con los descubrimientos de hoy sabiendo que mañana le deparan más?

Pregunta 7

"¿Me lastimará Dios?"

*Porque yo sé muy bien los planes que tengo para ustedes —afirma
el Señor-, planes de bienestar y no de calamidad,
a fin de darles un futuro y una esperanza.*

Jeremías 29:11

*Para el descarriado, disciplina severa;
Para el que aborrece la corrección, la muerte.*

Proverbios 15:10

Una de mis más grandes alegrías mientras vivía en Arizona era correr a través de las montañas desérticas con mi perra, Maggie. Como entusiasmada atleta, ella correría hasta desvanecerse a menos que yo la vigilara de cerca. Un día, no me mantuve vigilando como solía hacerlo. Ella es una gran corredora, pero el calor puede cobrar cuando uno corre con un abrigo de piel. Aun cuando estaba cansada, Maggie todavía se mantenía realmente bien mientras corría detrás de mí. Así que llegué a acostumbrarme a algún ocasional tirón de cansancio en la correa hacia el final de la carrera.

Este día, sin embargo, al correr cerca de nueve o diez kilómetros (donde ambos tendemos a estar un poco cansados en el calor del desierto) la correa estaba un poco más tensa, exigiendo que yo la estirara un poco más y le gritara para animarla: "Sólo faltan tres kilómetros, Maggie, ¡ánimo!" Algunos pueden pensar que esto es absurdo, pero como un buen dueño de un perro, yo supongo que mi perro entiende aun la comunicación más compleja y oscura. *Perro y dueño* es una relación libre de lógica.

Cuando ninguna motivación sirvió de ayuda, me detuve para ver si todo estaba bien. Para mi sorpresa y horror, ella tenía un pedazo de cactus del tamaño de una pelota de béisbol clavada en su hombro derecho. Era uno de esos feos cactus pequeños con cientos de pequeñas espinas por cada centímetro que se sueltan y lo atrapan si usted se halla dentro de cierta distancia. Ella debe de haber pisado la huella para olfatear algo. El tirón de la correa era provocado por los piquetes en su hombro mientras ella corría, dejando cincuenta o más espinas en sus labios, lengua y encías. Ella nunca se quejó o trató de dejar de correr. Ella sólo empujó, tratando de agradarme, luchando con su dolor. Me imagino que ella pensaba que yo prefería que ella corriera a detenerse por ayuda.

Conozco a muchos cristianos así, y yo mismo he sido así en ocasiones —corriendo detrás del Maestro, tratando de agradarlo, ignorando mi dolor, pero corriendo la carrera cada vez más despacio, temiendo el siguiente paso como si Él lo prefiriera de esa manera. Afortunadamente, ese día Dios me dio una imagen viva de su amor que permanecerá conmigo y cambiará para siempre mi respuesta al dolor o la necesidad.

La única manera que mi pequeña Maggie podía mantenerse y estar sana, era someterse a lo que ella menos deseaba pero más necesitaba. Me quité la camiseta, envolví mi mano, la recosté sobre su lado izquierdo, y traté de sacar el cactus. Como era de esperarse ella gruñó, se levantó y trató de escapar de mi alcance. El hombre en quien ella confiaba y a quien amaba la estaba lastimando. De repente ella no sólo se encontraba padeciendo dolor, sino también confundida, asustada y tratando de escapar. Era como si ella pensara: *Vivir con este dolor es más fácil. Con el tiempo todo va a estar bien. Puedo lidiar con ello por mí misma.*

Como su amo, yo sabía mejor. La jalé más cerca, le hablé con calma palabras de seguridad de manera que ella se relajara, y se recostara suavemente de nuevo, y me acomodé al lado de ella. Luego puse un pie sobre sus caderas y mi brazo izquierdo sobre su nuca de modo que ninguna cantidad de lucha la libraría de mi dominio. Sus ojos estaban llenos de miedo a medida que yo agarraba el cactus y lo tironeaba. Un gruñido fuerte y ella estaba libre de mi dominio.

De pronto ella se dio cuenta que no dolía tanto como caminar y ella se acercó a mi lado sacudiendo su rabo, pensando que ya todo estaba listo. De nuevo, yo sabía más. Después de unos momentos, cuando ella estaba lista, la volví a acostar; saqué mis pinzas para sacar espinas (He vivido en el desierto por un tiempo así que estaba preparado); y comencé a arrancar las espinas de su hombro, luego de su rostro y finalmente de sus encías. Al principio, Maggie luchó como antes, pero pronto se dio cuenta que aunque el dolor que yo le infligía era agudo, era temporal, y con cada jalón ella iba quedando libre de un dolor más profundo.

A medida que ella comenzaba a sucumbir al conocimiento que tenía del carácter de su amo y dejar el temor por la confianza, ella se recostó, sobresaltándose, pero en paz —clavando su mirada en mis ojos sólo para asegurarse que ellos nunca dejaran de hablar amor.

Ese día Dios me mostró algo de mi propia alma y del alma de toda la humanidad. Nuestro Amo desesperadamente quiere librarnos del dolor causado por nuestros propios tropiezos en la vida cuando nos apartamos de la senda puesta delante de nosotros. Aprender a confiar puede doler porque está cargado de cosas desconocidas. Afortunadamente, se hace más fácil a medida que aprendemos a confiar en el carácter de nuestro Amo.

EN CONCLUSIÓN:

Sí, Dios lo va a lastimar, pero nunca le hará daño. Aunque el dolor que reciba de las manos de Dios lo confundirá, lo frustrará, y probablemente lo hará llorar, el carácter de Dios y sus promesas nunca cambia. Si usted cree que Él es bueno, entonces Él no puede ser malo. Si usted cree que Él es amor, Él no puede ser odio. Dios es incapaz de contradecir su naturaleza. Él no cambiará, así que usted debe decidir quién es Él para darle sentido a los tiempos difíciles. Busque a Dios en el dolor para encontrar propósito en él. Confíe en lo que conoce por experiencia personal, y confíe en lo que la Biblia dice cuando usted duda. A través del tiempo, a medida que escoge vivir por fe en el carácter de Dios y en su amor, los dos se alinearán.

HABLE CON DIOS:

Agradezca a Dios por su gran amor que lo lleva a permitir dolor temporal cuando éste finalmente es para el beneficio de usted. Pida fe y confianza para apreciar su amor fuerte, así como su amor amable.

CAVE MÁS PROFUNDO:

Piense acerca de lo que sucedería a los niños si nunca fueran disciplinados, y escriba acerca de ello. Ahora establezca algunos paralelos con su relación con Dios y cómo la disciplina puede beneficiarle.

PREGUNTA 8

"¿LLEGARÉ A SER UNO DE ELLOS?"

Este mandamiento nuevo les doy: que se amen los unos a los otros. Así como yo los he amado, también ustedes deben amarse los unos a los otros. De este modo todos sabrán que son mis discípulos, si se aman los unos a los otros.

Juan 13:34-35

Tal vez era un problema de compromiso —un compromiso de ser lo que siempre había rechazado como ateo. La noche que acepté a Cristo fue fantástica… la mejor. Pero la primera mañana después, yo estaba como alucinando. Yo estaba atormentado entre el temor de transformarme en uno de esos "cristianos alucinados" que había aborrecido toda mi vida, o vivir una vida sin paz si no tenía a Cristo. ¿Cuál de las dos alternativas era la peor?

Sabía por mi inquebrantable deseo de paz, verdad, perdón, gozo genuino, y cambio (sorpresivamente, el cuidado por mi eternidad ni siquiera era un factor en la ecuación en este punto), que necesitaba seguir a Cristo. Pero anticipaba la idea de conformismo, aburrimiento, prejuicio y juicio de mi compañero —todos estos estereotipos que incluía mi imagen distorsionada de la vida cristiana "oficial".

Así que, por segunda vez en muchos días, oré —esta vez de manera un poco diferente:

"Señor, por favor, te ruego que nunca me dejes olvidar cómo es vivir una vida sin ti, para que siempre me pueda relacionar con aquellos que viven así. Amén."

Esa era una manera amable de decir: "Señor, no permitas que me convierta en un alucinado."

Creo verdaderamente que una de las influencias clave que me impedía buscar a Cristo eran los *cristianos* —bueno, por lo menos personas que afirmaban ser cristianas. Para ser justo, 84.2 por ciento de los norteamericanos afirman ser cristianos[1], pero según las estadísticas más del 60 por ciento no están de acuerdo con los fundamentos básicos de la verdad bíblica. Las afirmaciones que algunos hacen de ser cristianos tiene poco que ver con si ellos tienen una relación con Dios a través de la fe en Jesucristo, o si la persona tiene la más mínima idea de lo que eso significa. En los Estados Unidos, una nación fundada por dedicados seguidores de Cristo, el rótulo "cristiano" se ha convertido en el apodo más flojo de quienes todavía no deciden comprometerse con algún sistema de creencias.

Una vez conocí a un hombre que fue profundamente lastimado en una iglesia y en consecuencia renunció a toda religión. Él era un hombre enojado, amargado que buscaba discusiones en la cafetería local con cualquiera que tuviera el suficiente valor de leer la Biblia en público. Yo me sentía triste por él, y aunque me negué a entrar en su discusión, un día le dejé algo en que pensar.

Al ponerme en pie para marcharme, me volví hacia él y le pregunté: "¿Has tenido alguna vez un carro destartalado? ¿Uno que realmente era una chatarra y te causaba muchos problemas?"

"Sí, ¿por qué?"

"¿Es ese el carro que conduces hoy, el que está allá?"

"No, me deshice de ese carro hace mucho tiempo."

"Oh, así que los carros no eran el problema. Era *ese carro en particular, ¿verdad?*"

Me di la vuelta y lo dejé pensando acerca de su mentalidad "uno de esos".

Durante mi investigación inicial de la verdad, tuve suerte y encontré un grupo de verdaderos cristianos en una maravillosa iglesia. Cuando me reubiqué muy lejos de allí, tropecé en un lugar no tan maravilloso, pero afortunadamente no me di por vencido allí. Desde entonces, he hallado la belleza de la novia de Cristo (la iglesia) a través de Estados Unidos, África, Asia, Inglaterra, Escocia, Gales, Rusia, Francia —cientos de lugares. Claro, algunos de ellos tienen un poco ajustado su vestido de boda, y algunos tienen lindos peinados un poco excéntricos, pero ellos se sienten bellos porque conocen a su novio y viven en su amor. Y si eso es suficiente para Él, es suficiente para mí.

EN CONCLUSIÓN:

Ese temor de los tuyos —el que surge mientras usted ve las noticias o lee en la prensa acerca de personas portando señales que afirman que Dios odia a un grupo particular de personas o a otro, el que lo anima a separarse de la comunidad— es otra de esas mentiras. Así como Dios lo creó para ser hermoso en su espíritu, su novia, la iglesia, tal vez no sea perfecta; pero el espíritu de ella lo es y Él la ama intensamente. No permita que una mala experiencia le impida identificarse con la novia. No deje que un corazón que juzga le impida experimentar el amor de comunidad al que usted fue llamado a ser parte. Manténgase buscando hasta que vea lo que Dios ve.

HABLE CON DIOS:

Agradezca a Dios el don de su Espíritu de amor en usted y en todos los creyentes que confían en Él. Pídale que desarrolle en usted un corazón que ame a otros. Pregunte a Dios cómo usted puede amar a otros de manera práctica. Manténgase quieto. Escuche. Escriba lo que venga a su mente.

CAVE MÁS PROFUNDO:

Lea 1 Corintios 13:1-7 y evalúe su propia habilidad para amar comparada con estos versículos.

---

[1] *U. S. News and World Report, 6 de mayo,* 2002, "Fe en América" pp. 42-43; *Religion and Ethics Newsweekley* encuesta de *U. S. News and World Report* de 2002 adultos conducida por Milofsky International y Edison Media Research, 26 de marzo – 4 de abril, 2002.

Pregunta 9

"¿Cómo se comunica Dios?"

El SEÑOR le ordenó: Sal y preséntate ante mí en la montaña porque estoy a punto de pasar por allí.

Como heraldo del SEÑOR vino un viento recio, tan violento que partió las montañas e hizo añicos las rocas; pero el SEÑOR no estaba en el viento. Al viento lo siguió un terremoto, pero el SEÑOR no estaba en el terremoto. Tras el terremoto vino un fuego, pero el SEÑOR tampoco estaba en el fuego. Y después del fuego vino un suave murmullo. Cuando Elías lo oyó, se cubrió el rostro con el manto y, saliendo, se puso a la entrada de la cueva.

1 Reyes 19:11-13

¿Alguna vez se ha parado al borde del Gran Cañón? ¿Ha visto alguna vez las interminables olas golpear la playa? ¿Se ha sentado alguna vez tranquilamente, completamente solo en una pradera o un bosque, sólo para escuchar? En esos momentos usted siente que no está totalmente solo, que hay algo más grande que usted y yo. Es Dios y Él le habla directamente a usted. Todo lo que alguna vez ha sido creado o lo que alguna vez será creado, aun usted, puede revelar la verdad acerca del Creador final.

Las rocas, las montañas, el viento, los árboles, los animales —todo habla de la sabiduría y el poder de Dios. Como el creador de la humanidad, Él habla a través de cada acción y creación nuestra. Palabras, música, literatura y arte, todos pueden actuar como sus instrumentos de comunicación cuando Él lo desea. Antes de que usted conociera a Dios personalmente, estas cosas eran usadas para cortejarle en esa relación, para urgirlo a formular preguntas, para provocar deseo por más dentro de su alma. Finalmente, cuando usted está listo, esa voz lo dirige a descubrir esas respuestas y ahora usted se encuentra a sí mismo en un nuevo lugar con nuevos oídos.

Ahora, puesto que usted tiene la voz de Dios guiándole y enseñándole a través de su Espíritu dentro de usted, su profundidad de entendimiento puede aumentar dramáticamente. Los momentos promedio, más bien mundanos de su día pueden ser mensajes de Dios si son traducidos por la voz espiritual interior, pero usted debe escuchar. Esto usualmente significa que de cuando en cuando usted debe hacer un alto en su mente, su cuerpo, y las partes de su mundo que usted puede controlar para buscar a Dios, pedirle que se revele.

Mientras usted escucha, con frecuencia es difícil distinguir una voz de otra:

"Debes aceptar ese trabajo."

"Está bien invitarla a salir."

"Dios no piensa eso de ti."

"¿Cómo puede hacer daño hacerlo sólo una vez?"

"Eso está mal. No lo hagas."

Para aprender a distinguir su voz de la de usted o de las fuerzas siempre presentes que desean ahogarlo, usted debe ir directamente a la fuente. En el calor del momento, sólo con la situación y el sentimiento para guiarlo, usted se equivocará mucho. Pero si usted compara lo que escucha, o al menos siente que escucha, con lo que dice la Biblia, usted encontrará contradicción o acuerdo. La voz fuerte capta su atención, pero al detenerse a leer y buscar confirmación en oración, los versículos y la voz de traducción lo guiarán. Simplemente pida que se le revele la verdad; use la concordancia de su Biblia para buscar versículos que tratan el tema en consideración y crea que Dios elige comunicarse con usted de esta manera.

EN CONCLUSIÓN:

Como en cualquier relación, mientras más tiempo pase con Dios, más fácilmente reconocerá el tono y el timbre de su voz y será más capaz de probar todas las voces para saber si provienen de Dios. Si un deseo dentro de usted parece contradecir lo que usted conoce acerca de Dios y su carácter o usted no entiende lo que la Biblia dice, pida consejo de alguien que conozca a Dios y demuestre sabiduría en su propia vida. *"¿Esto procede de Dios o de mí?"* siempre es una pregunta apropiada para hacer. Además, usa el Espíritu como su guía mientras usted busca y escucha lo que Dios le está comunicando mediante circunstancias, su creación, la Biblia y la gente.

HABLE CON DIOS:

Busque un lugar tranquilo y pacífico. Siéntese con sus ojos abiertos y diga a Dios todo lo que usted tiene en su mente —en voz alta. Hable con Dios como si Él estuviera sentado allí con usted. Manténgase tranquilo. Quédese sentado mucho después que se sienta incómodo. Escuchar es una parte importante de comunicarse con Dios. Después de un rato, escriba cualquier pensamiento que venga a su mente.

CAVE MÁS PROFUNDO:

Durante los próximos días, practique activamente escuchar cómo Dios puede estar comunicándose con usted. Ore por dirección, lea versículos asociados con el tema (de nuevo, use una concordancia o la Internet), y busque cualquier "coincidencia" a través de sus días que se relacionen con el tema con que usted habló acerca de Dios. Registre todos estos sucesos y hable con alguien que esté cerca de Dios y a quien usted le tenga confianza acerca de su perspectiva en estos ocurrentes.

Pregunta 10

"¿Cómo luce una relación saludable con Dios?"

¡Alegrémonos y recobijémonos y démosle gloria! Ya ha legado el día de las bodas del Cordero. Su novia se ha preparado, y se le ha concedido vestirse de lino fino, limpio y resplandeciente.

Apocalipsis 19:7-8

La novia, tras haber pasado todo el día siendo consentida por familiares y amigos y sintiéndose más bella que en cualquier otro tiempo en su vida, hizo una pausa detrás de la capilla mientras una hermosa música anuncia su arribo a todos los asistentes. A primera vista las rodillas del novio se comban ligeramente y no podía contener su asombro por la belleza de ella, él se sentía afortunado y honrado. La multitud se pone de pie con el sonido ooh y aah acentuando la música del órgano. Aquellos que celebraban este acontecimiento de bendición enjugan lágrimas de gozo mientras cariñosamente reflexionan en su propio matrimonio o esperaban lo mismo en su futuro.

Ella se siente hermosa, amada y especial. La procesión lentamente avanza por el pasillo y finalmente aparece ella, parándose frente a frente con el compañero de su vida. La novia y el novio están cautivados en el momento. No hay pensamientos del futuro, no hay temor; sólo paz y gozo, mirándose fijamente a los ojos, complaciéndose en la magia del día.

Imagine lo que siente el novio o la novia, y lo que los asistentes experimentan. Así es como Dios siente respecto de *usted*. Él es el novio con increíble anhelo en sus ojos y usted es la hermosa novia, totalmente aceptada, adorada y honrada. Los ángeles en el cielo y los verdaderos creyentes en la tierra cantan y danzan mientras usted toma la mano de su amado. Dios escoge esta imagen sobre todas las demás relaciones para comunicarle lo que Él siente por usted hoy, mañana y siempre.

Dios nos creó para una relación que se parece a la de un matrimonio. Él desea que retratemos en nuestra cabeza probablemente el momento más romántico, emocionante y mágico de cualquier matrimonio —el día de la boda. Él reclama el papel del novio y nos llama su novia.

Este asunto del matrimonio ciertamente es un momento mágico, pero no sucede sin un noviazgo y finalmente la decisión de la novia. El novio puede escoger a su novia muchos meses o años antes de que ella esté preparada. El corteja, ama, prepara, pregunta, y… espera. Él desea desesperadamente escuchar esas dos pequeñas letras juntas, una pequeña palabra que puede traer la promesa de vida y gozo. Con sólo un "sí," Él escucha "te amo. Confío en ti. Quiero pasar mi vida contigo. Quiero ser tuya y tú mío por siempre." A través de enfermedad y salud, buenos tiempos y malos, hasta que la muerte los separe… hasta que se vuelvan a encontrar.

Dios nos ama y desea que nosotros lo amemos. Para que Él sepa que usted lo ama su *amor debe ser una elección*. El amor no puede ser coaccionado. Para tomar una decisión sincera y clara de amar (no sólo una infatuación), uno debe considerar el costo y actuar libremente. SIEMPRE hay una alternativa para el amor. Siempre hay una elección al enfrentar esta vulnerabilidad.

Mi definición personal de una relación saludable es un *constante conocerse más el uno al otro*. Piense en cualquier relación donde una o ambas partes dejan de aprender el uno del otro. Usted conoce esa pareja, la pareja de personas mayores en el Denny's, sentados allí durante una hora ordenando, cenando, comiendo el postre, tomando café, sin intercambiar una sola palabra, una sola mirada, una sonrisa o un guiño. Ellos se quedaron sin palabras. Han llegado al punto de creer que ya no hay nada que conocer de su compañero. Es divertido pensar que ellos están sentados preguntándose qué estará pensando la otra persona.

Si fuimos creados para estar en relación con Dios, y si una relación saludable es una relación de conocerse cada vez más el uno al otro, entonces *nuestro propósito en vivir es conocer a Dios más cada día*. Al hacerlo así revela una verdadera perspectiva de nosotros y de otros que nos lleva de regreso a la gracia.

Cuando activamente buscamos conocer a Aquel que nos ama al máximo, lo vemos en toda su gloria y nos vemos a nosotros en esa reflexión. Nos vemos como una novia hermosa: adorada, a quien se cuida y por quien se sacrifica —pero deseando la fuerza, estructura y amor de otro. Sí, Dios conoce todo acerca de nuestro pasado y futuro, y aun así Él nos ve como su hermosa novia. Él no se va a levantar un día y se va a preguntar cómo llegó allí y si todo fue un gran error.

EN CONCLUSIÓN:

Procure conocer a este Dios, a este Amante, porque mientras más se acerca, más reconocerá su necesidad y valorará el hecho de que Él le ha escogido a usted. Es algo hermoso ser amado por alguien a quien usted no merece. Al darse cuenta de esta verdad y responder como se debe es una señal de una verdadera relación saludable.

HABLE CON DIOS:

Pida al Espíritu de Dios que guíe sus pensamientos y oraciones, y luego manténgase tranquilo por un rato. Hable libremente, como si estuviera hablando con su esposa, pero enfoque todo lo que diga en palabras de amor y agradecimiento. Diga a Jesús lo que usted ama de Él y por qué ha escogido pasar su vida con Él por la eternidad.

CAVE MÁS PROFUNDO:

Piense en Jesús como alguien con quien usted consideraría casarse (hombres, hagan un esfuerzo serio). Haga una lista de las cosas acerca de Él que crean un deseo en usted por una relación duradera. ¿Qué más se requeriría para que usted se precipite al matrimonio? Ahora, aceptando que usted ya se ha casado con Jesucristo, piense sobre cómo usted puede crecer en su relación al aceptar lo que falta y hacer lo que está en su poder para crecer en el conocimiento de su esposo.

PREGUNTA 11

"¿QUÉ ESPERA DIOS DE MÍ?"

No me escogieron ustedes a mí, sino que yo los escogí a ustedes y los comisioné para que vayan y den fruto, un fruto que perdure. Así el Padre les dará todo lo que le pidan en mi nombre. Éste es mi mandamiento: que se amen los unos a los otros.

Juan 15:16-17

"¡Ajá!, ¡oh!, Dios me dio este gran regalo de perdón, entonces debe de haber una trampa, ¿verdad?"

¿Está esperando que caiga el otro zapato? Seguro, usted escuchó que el don de gracia era gratuito, pero eso era entonces. Ahora usted está enrolado en esta "vida cristiana" y piensa que debe haber responsabilidades al vivirla. Muy bien, sí hay, pero no por la razón que usted puede esperar.

Dios no espera que todos los cristianos le edifiquemos monumentos, demos todo nuestro dinero, abandonemos nuestros trabajos y nos convirtamos en misioneros al extranjero, vivamos una vida de pobreza, o tomemos los votos de castidad para toda la vida. Él guía a algunas personas por esos caminos, pero no a la mayoría de nosotros, ni mucho menos.

No, el deseo de Dios por usted –lo que verdaderamente quiere- es sólo más de aquello que lo hizo volverse a Él la primera vez. Él quiere que usted entienda plenamente su necesidad de Él para que usted conozca la profundidad de su amor por usted. Y cuando usted entiende un poco de ese amor, no tiene otro remedio que compartir su pasión para amar a otros y estar en relación con ellos como Él está con usted. Él quiere que usted se involucre en la relación de ellos con Él, así como otros creyentes se involucran en su búsqueda de Jesucristo.

Una de las maneras que Dios nos ayuda a hacerlo es dejándonos aprender a amar a otros. ¿Por qué? Porque la mayoría de la gente no es muy amable. Probablemente piensa lo mismo de usted en ocasiones, o tal vez muy seguido. El amor, el *verdadero* amor, no exige nada a cambio; no espera una respuesta "apropiada", como amor correspondido, ni siquiera un buen sentimiento por usted. Esa clase de amor está más allá de nosotros. Francamente, es imposible sin Dios.

Dios nos llama a amar a otros por la misma razón que Él nos anima a hacer cualquier cosa –para que podamos conocerlo más.

¿Puede usted desear genuinamente cosas buenas para sus enemigos?

¿Se muere por dar regalos a la persona que le robó?

¿Tiene compasión por ese compañero de trabajo rudo y egoísta?

¿Y qué de aquel maniaco que conduce una camioneta enorme de manera imprudente y olvidado del mundo, que lo acaba de rebasar en la carretera con el teléfono celular quirúrgicamente adherido a su oído?

Tome nota: No estoy hablando solo de amar a los no cristianos. Claro que no, usted puede esperar semejante conducta de personas que no conocen a Dios, y esto con frecuencia es más fácil de perdonar. Es quienes van a la iglesia a los que le puede resultar más difícil amar cuando fallan. Las personas siempre van a decepcionar, y Dios sabía eso.

EN CONCLUSIÓN:

Para que usted busque continuamente a Dios, regularmente debe hallar que necesita más de lo que puede reunir. Puede tener bastante dinero, tiempo, alegría y cosas buenas en su vida, pero nunca podrá amar incondicionalmente sin depender de Dios. Si usted trata de amar a quien normalmente no incluiría en su círculo de amigos, su imagen de Dios y de lo que es capaz cambiará radicalmente. Dios quiere incomodarlo para que usted corra hacia Él en busca de confort. Pida este don a Dios, y Él seguramente le responderá.

HABLE CON DIOS:

Hable con Dios para pedirle ayuda en aprender a entender el amor. Pídale una oportunidad de amar a alguien a quien normalmente usted no amaría, y entonces mantenga sus ojos y oídos abiertos.

CAVE MÁS PROFUNDO:

Busque versículos sobre el amor comenzando en cualquiera de los evangelios (Mateo, Marcos, Lucas y Juan), buscando alguna vez que Jesús usa la palabra. Algunas Biblias imprimen las palabras de Jesús en rojo para que se localicen más fácilmente. Pida la guía del Espíritu Santo para que le ayude a entender el punto de vista de Dios de lo que realmente es el verdadero amor. Elija un versículo corto que le atraiga de manera especial y escríbalo para memorizarlo. Llévelo en su carro, a su trabajo, etc., y trate de recitarlo de memoria, junto con la cita (número de capítulo y versículo), cada vez que tenga un momento libre. Usted pronto notará que en tiempos de crisis el Espíritu Santo le recordará versículos memorizados. Es como dar municiones a un soldado en batalla.

PREGUNTA 12

"¿QUÉ DEBO ESPERAR DE DIOS?"

*El principio de la sabiduría es el temor del SEÑOR; buen juicio
demuestran quienes cumplen sus preceptos. ¡Su alabanza
permanece para siempre!*

Salmo 111:10

La Biblia nos dice que la vida cristiana tiene que ver con la libertad, y con frecuencia tratamos de definir esa libertad como cambio en las circunstancias de la vida —una definición puramente subjetiva y cambiante. Piense en algunas circunstancias que usted deseó desesperadamente cambiar alguna vez, sólo para encontrar más tarde que lo que usted deseaba era lo peor que le podría haber sucedido. ¿Alguna vez ha deseado el amor de la persona equivocada, deseado un trabajo que no era el mejor para usted o soñado por un juguete que no le convenía? Cuando sentimos que el deseo cumplido estaba equivocado nos sentimos vacíos y desinflados.

La vida está repleta de expectativas no cumplidas. La sabiduría limitada del hombre y la inhabilidad para ver más allá de nuestras circunstancias y tiempo garantizan que cualquier esperanza por resultados y éxitos en situaciones específicas a menudo está equivocada. Si jala el armario de las expectativas de la pared y se asoma detrás, encontrará escondido en la esquina lo que verdaderamente cree acerca de Dios. Nuestras decepciones con la vida, las personas o nosotros todas tienen su raíz en lo que creemos de Dios.

Las expectativas de Dios, correctas o equivocadas, son la raíz de todo lo bueno o lo malo, frustraciones o alegrías, en el cristiano.

W. Tozer dice: *"Lo que viene a nuestra mente cuando pensamos acerca de Dios es lo más importante acerca de nosotros. …el hecho más portentoso acerca de cualquier hombre no es lo que éste puede hacer o decir en un momento dado, sino lo que él en lo más profundo del corazón concibe como Dios es. Por una secreta ley del alma tendemos a movernos hacia nuestra imagen mental de Dios.*

Si fuéramos capaces de extraer de cualquier hombre una respuesta completa a la pregunta: '¿Qué viene a tu mente cuando piensas en Dios?' podríamos predecir con certeza el futuro espiritual de ese hombre."[1]

La manera que vemos a Dios define cómo nos vemos a nosotros mismos, nuestras circunstancias, nuestras vidas, nuestro futuro, la iglesia, y otras. A través del filtro de nuestra percepción de Dios en el ojo de nuestro corazón son determinadas nuestras acciones y emociones.

Una vez que ha respondido la pregunta "¿existe *Él*?" con un "sí," pasamos a preguntarnos "¿cómo es Él?" lo que invariablemente nos lleva a "¿qué debo hacer respecto a Él?"[2]

El fundamento de toda buena decisión se halla dentro de estas pocas preguntas. Dios se conoce perfectamente y anhela ser perfectamente conocido por nosotros. Dios entiende que para que nosotros conozcamos su amor y correspondamos a su amor, debemos conocerlo porque Él es amor. Él también es bueno, santo y eterno —y muchas cosas más que enriquecerán nuestra vida cristiana a medida que las entendamos al conocerlo a Él. Él quiere que conocerlo a Él sea nuestra máxima prioridad. Él hizo todo en el cielo y la tierra como lecciones objetivas para que tengamos un conocimiento de Él más profundo.

Dios también espera que mantengamos un temor saludable de Él. *"Así que a medida que aprendemos más acerca de Dios nos volvemos más temerosos."* No muy atractivo, ¿verdad? Afortunadamente, esa no es una descripción exacta de la verdad bíblica. Temer a Dios significa conocer su poder y santidad y mirar su debilidad y necesidad. No significa que usted se echa para atrás y se agazapa en una esquina —todo lo contrario, realmente.

Piense en el fuego. El fuego ha capacitado al hombre para llegar más allá de sus sueños primitivos. Nos ayuda a mantenernos en calor cuando hace frío, cocina y preserva alimentos, y crea materiales para construir y vestidos. El fuego puede ser productivo y destructivo. Puede traer vida o muerte. Hay aspectos del fuego que son también aterradores y misteriosos para entender. Hay aspectos del fuego que podemos estudiar y usar para nuestra ventaja. Podemos aprovechar el impacto del fuego y predecir su comportamiento en ciertas circunstancias. Pero cualquier bombero le dirá que una persona sabia mantiene un saludable temor al fuego todo el tiempo.

A menudo Dios es comparado a un fuego consumidor.

Él merece ser abordado con respeto —no porque Él intente dañarnos. Al contrario, Él quiere que entendamos lo que tiene a nuestra disposición —la altura y profundidad de su poder. El temor de Dios es el principio de la sabiduría, porque cuando vemos a Dios como todopoderoso, todo amor, y deseando manifestarse plenamente a usted, confiamos en su Espíritu para guiarnos y enseñarnos en todas las cosas. Así que, al vivir como Dios nos guía, confiando en esa dirección y propósito, tomamos las decisiones correctas y somos considerados sabios.

Sin importar el tiempo que lleve viajar por este camino o las veces que camine con dificultad la senda, siempre existe la promesa del conocimiento y temor de Dios como su destino.

A medida que viaja por esa vía descubrirá verdades más profundas de Dios que usted haya imaginado nunca. Lo que estaba en su cabeza se moverá a lo profundo de su alma. El conocimiento intelectual se volverá verdadero "conocimiento" en una manera que no requiera más preguntas. Su imagen de Dios llegará a ser la de la roca que no se mueve —el fundamento donde se edifica todo lo que usted es y hace. Usted estará conforme con las preguntas sin respuesta, porque el saber no cambiaría nada de la verdad cuya certeza es sólida como una roca.

EN CONCLUSIÓN:

Espere que Dios lo ame, pero no que lo haga sentir cómodo. Espere que Dios le revele la verdad, pero sólo la verdad que usted puede manejar cada vez. Espere que Dios lo desafíe, pero que se mantenga paciente con sus errores. Espere que Dios incesantemente busque cambios en usted, pero no espere adivinar sus métodos o su tiempo. Y sobre todo, espere que Dios sea bueno.

HABLE CON DIOS:

Hoy, agradezca a Dios por su increíble sabiduría. Alábelo por las oraciones que deja sin contestar. Si eso es difícil, pida que Dios lo ayuda en las áreas en las que usted todavía necesita desarrollar confianza, entonces déle gracias de nuevo por su paciencia y bondad. Pida que Dios lo ayude a desarrollar una comprensión de su poder y un reconocimiento de que su grandeza es más de lo que usted podrá comprender jamás.

CAVE MÁS PROFUNDO:

Piense en algo poderoso, como el fuego, pero que también es muy útil. ¿Cuándo no le tiene miedo? ¿Cuándo es peligroso? ¿Cómo podemos relacionar el poder del fuego con la comprensión de Dios?

---

[1] A. W. Tozer, *The Knowledge of the Holy* (HarperCollins: NY, 1961), p.1.
[2] Ibid, p. 2 paráfrasis de la última oración, párrafo 6.

Pregunta 13

"¿Cómo oro?"

Así mismo, en nuestra debilidad el Espíritu acude a ayudarnos. No sabemos qué pedir, pero el Espíritu mismo intercede por nosotros con gemidos que no pueden expresarse con palabras.

Romanos 8:26

Comenzó con una oración y probablemente terminará con otra —me refiero a su vida en la tierra en relación con Dios. Es en la oración donde escuchamos su voz en medio de nuestras palabras, identificamos su intención y mensaje mediante su Palabra (leer y meditar en la Biblia), y puede finalmente darle sentido a nuestras circunstancias.

El mismo acto de oración es un paso de fe. Si usted no cree que Dios escucha, que Él tiene cuidado de hablarle, y que hay algún propósito en hablar con Él, entonces con seguridad está desperdiciando su tiempo. Tal vez comenzó a orar cuando le pidió a Él que llegara a ser una realidad para usted. Eso fue lo que me sucedió en mi recorrido del ateísmo. Después de arribar a la conclusión de que Dios debía existir, me enfrenté con un dilema. Toda la teoría científica en que yo confiaba era incompleta y contradictoria (como la teoría de la Gran Explosión contradecía las leyes básicas de la ciencia sin alguien que provocara esa explosión). Me chocaba que si en verdad había alguien con el poder suficiente para crear el universo, y por alguna razón esa entidad escogió crearme, era mejor que yo dedujera por qué.

Así que, resolví dirigir una oración a Dios, pero realmente no sabía cómo. Justo en ese tiempo, la iglesia a la que asistía tenía una pequeña clase titulada "Cómo orar." Llegué el primer día armado con muchas preguntas, pero con la esperanza de mantenerme en el anonimato. Descubrí que era imposible mantenerme anónimo porque sólo yo, otra mujer que ya creía en Cristo, y los dos líderes éramos los que asistimos. De pronto, mis preguntas se convirtieron en el centro de nuestras charlas semanales:

¿Te debes arrodillar y poner tus manos de cierta manera? ¿Puedes orar durante el día? ¿Tienes que decir algo en particular? ¿Ofenderé a Dios si digo algo equivocado? ¿Cómo hago preguntas de manera que obtenga respuestas? Todos parecen orar con palabras bonitas, palabras que a veces ni siquiera entiendo, pero yo no puedo hacer eso. ¿Dónde comienzo?

Miramos muchas referencias bíblicas que daban más contexto a mis ideas acerca de la oración, pero una verdad realmente me impactó, dejando su marca en mí hasta este día. Está envuelta en dos palabras: sinceridad y confianza. En los Salmos, el rey David vociferaría y gritaría, exclamaría y suplicaría. Él era sincero con sus emociones. Él nunca fingió. Él no se preocupó que su manera de orar pudiera ofender a Dios o inhibir la respuesta de Dios. Él entendió que Dios podía oír más allá de sus palabras a lo profundo de su corazón.

La noche antes de ir a la cruz, Jesús experimentó una oración parecida. Aquí estaba el que tuvo la más íntima relación Dios. Pero Él estaba tan turbado durante sus oraciones esa noche final que sudó sangre, exhibiendo una rara condición que ocasionalmente se ha registrado en la historia, ocurriendo sólo bajo la más intensa presión emocional. Jesús, que tenía bastante práctica en la oración, derramó sus dudas sin reserva y entonces descansó en la voluntad de su Padre. La comunicación sincera —sin importar si es alegre o dolorosa- con la confianza de que Dios es más sabio, amoroso, y en control es el modelo de oración expresado por hombres y mujeres piadosos en la Biblia.

Si Dios es todopoderoso, todo lo sabe, y siempre hará su voluntad, ¿por qué necesitamos orar? ¿Acaso no sabe lo que vamos a decir? ¿Para qué orar?

Lo que en realidad está preguntando es "¿cuál es mi propósito?" Fuimos creados para conocer a Dios y glorificarlo —por siempre. Esta es la razón por la que la humanidad fue creada. No oramos porque Dios lo necesita —oramos porque nosotros lo necesitamos. Hay algo extraordinario que nos sucede al orar. En esos momentos en conversación con Dios, nosotros cambiamos.

Los atletas saben acerca del descanso. La gran ironía es que el ejercicio realmente destruye músculos; físicamente los abate. La fuerza viene al dormir. Cuando un atleta duerme, lo que se ha dañado puede finalmente ser sanado y volverse más grande que antes. Los glóbulos rojos —la fuente de vida que lleva oxígeno- también se emplean durante el ejercicio y se manufacturan durante el sueño. Glóbulos rojos sanos y abundantes son entonces la clave para resistir que muchos atletas famosos duermen en tiendas de plástico (diseñadas para estimular el bajo oxígeno que se halla en latitudes altas) para forzar al cuerpo a producir un excedente. Así que nuestra fuerza y resistencia nacen, no sólo del trabajo, sino de descansar del trabajo.

Si usted va por la vida ocupado trabajando, sin conectarse con Dios, tarde o temprano se colapsará como un atleta que nunca descansa. Fuimos creados para mantener un equilibrio entre sufrimiento y sanidad. Y nuestra *sanidad* —nuestra capacidad de hacer con una perspectiva, motivación y fuerza correctas- viene de *reconectarnos* a la fuente, de encontrar nuestro centro. El centro es nuestro propósito de existir. Ese centro se halla en la realidad de Dios, en el mayor conocimiento de su amor y poder.

Lo que capacita a un atleta a crecer, sanar y mejorar es la aceptación de que el descanso es crítico. Lo que lo capacita para crecer, sanar y mejorar es creer que la oración es aun más crítica. Más allá de lo obvio, hay algo que sucede cuando cumplimos nuestro propósito de existir, cuando vamos con la intención actual de Dios. El vivir se puede volver pacífico aun cuando la vida sea caótica. Cuando usted enfrenta a Dios y trata de embellecer un poco en su rostro, cuando curiosea detrás de la cortina y adquiere una mejor comprensión de cómo es Él realmente, termina mirando sus circunstancias con mayor claridad —y Dios es glorificado. Debemos orar o nunca hallaremos ese propósito —nunca sanaremos y Dios nunca será glorificado.

¿Qué sabe usted acerca de Dios? ¿Qué siente acerca de Dios? ¿Qué es lo que no sabe y quiere entender acerca de Dios? ¿De qué tiene dudas? ¿Qué le entristece? ¿Qué dice eso acerca de su idea de Dios? ¿Cómo ha reconocido la obra de Dios en su vida? ¿Qué dice la Biblia acerca de este papel? ¿Qué cree usted? ¿Qué quiere creer? ¿Qué está tratando Dios de enseñarle o cambiar en usted debido a las circunstancias que ahora le preocupan?

Esto no tiene que ver con qué decir en oración o cómo decirlo, tiene que ver con por qué usted lo dice y por qué escucha fijamente esperando respuestas y palabras de verdad. Dios desea tomar la responsabilidad de nuestras cargas y guardarnos de la preocupación, y Él aun se ocupará de cómo oramos. Es la voz de Dios que guía nuestras oraciones si le damos a Dios esa libertad, pero con mucha frecuencia nuestras oraciones se enfocan sólo en nuestros deseos y no en los de Dios —mucho hablar y poco escuchar. En la oración usted puede buscar gracia o regalos, sobriedad o Santa Claus, y libertad o culpa; pero finalmente la oración tiene que ver con buscar una mayor comprensión de Dios. Suena como algo muy importante para usted, ¿verdad? Lo es, pero no es tan difícil como a veces tratamos de hacerlo.

Jesús dijo que nuestras oraciones deben ser sinceras y genuinas. A veces la oración debe ser algo personal entre usted y Dios, y otras veces debe ser con otros para edificarse mutuamente. Siempre debe estar centrada en Dios, sin preocuparnos cómo nos ven los demás, o desear recibir sólo la verdad de Él. Cristo dijo que usted debe venir a Dios como un niño pequeño —lleno de confianza y necesidad y un sentido de su amorosa autoridad en nuestra vida. Él nunca dijo que usted debía hablar de cierta manera o decir palabras específicas, pero Él dio ejemplos y dirección.

Recuerde que es más importante por qué ora, no tanto cómo lo hace. Esa es la indicación de la condición de su corazón, que es lo que a Dios más le interesa de su vida. Cuando usted no sabe qué orar, sólo comience. Hable verdad. Y tome tiempo para escuchar entre sus palabras. Son los silencios entre las notas —los descansos- lo que da belleza a la música.

EN CONCLUSIÓN:

Ore solo; ore con otros; ore para evitar la tentación; ore por quienes lo persiguen; ore por las necesidades de hoy; ore por el perdón de otros y el de usted; ore y dé a conocer a Dios sus peticiones. Pero en todas sus oraciones reconozca el poder y la santidad de Dios, y con el tiempo todo estará bien en su alma. Cuando Dios llega a ser tan grande como Él desea que usted lo conozca, ninguna circunstancia, pasada, presente o percibida en el futuro, puede arrojar una sombra sobre esa maravillosa verdad. Y en la sombra de ese gran Dios usted puede hallar descanso.

HABLE CON DIOS:

¿Hay algo que usted ha evitado decirle a Dios? Dígaselo ahora. Él ya lo sabe, pero hay algo que ocurre en su alma cuando usted confía en Él con sus palabras y acciones. Cualquier confusión, frustración, confesión o temor —dígalo. Luego diga a Dios algo bueno que usted sepa que es verdad acerca de Él.

CAVE MÁS PROFUNDO:

Si no le pedimos a nuestro Padre, ¿quién recibe el reconocimiento por lo bueno? Si no comunicamos nuestros sentimientos y deseos, ¿hasta qué punto pueden ser influenciados y alineados con los deseos de Dios por nosotros? Si no tomamos tiempo para hablar verdad acerca de Dios, ¿cuándo comenzaremos a creerlo? ¿Cuándo recordaremos lo que tan fácilmente olvidamos? ¿Cómo podemos cambiar, llegar a ser más grandes, si sólo dependemos de nosotros? Lea Lucas 18:10-14. Busque otros versículos donde Cristo habló acerca de la oración y busque temas en común.

PREGUNTA 14

"¿ME DEJARÁ DIOS FALLAR?"

Esto es lo que dice el SEÑOR, tu Redentor, el Santo de Israel: «Yo soy el SEÑOR tu Dios, que te enseña lo que te conviene, que te guía por el camino en que debes andar. Si hubieras prestado atención a mis mandamientos, tu paz habría sido como un río;
tu justicia, como las olas del mar.»

Isaías 48:17-18

El sauna de Dios –Phoenix, Arizona en julio. Una temperatura al aire de 105 grados Fahrenheit hizo que el asfalto caliente derritiera las suelas de mis tenis. Leí un artículo de un periódico local acerca de una mujer que, vencida por el calor, se desmayó esperando el autobús y cayó en la calle. Sólo segundos después fue levantada y puesta en la banqueta, no sin antes haber recibido quemaduras de tercer grado en su cara. "Pero es un calor secooooooo." Así es, y la bomba atómica que arrasó Hiroshima fue una "explosión controlada."

Maggie, mi perra, y yo salimos a caminar a mitad del día su excesiva energía y mi falta de ella presagiaban una tarde no muy productiva para este escritor. Ambos necesitábamos un descanso afuera. Aun con una esperanza de que el sol rejuveneciera mi mente y agotara su cuerpo, no tenía idea lo extremo que ese deseo ocurriría.

Aunque yo vivía en la ciudad, había un gran terreno vacío al final de la calle donde Maggie me llevaría a jugar pelota, perseguir el gato ocasional, hacer volar a la extraña paloma. Saltando detrás de la primera pelota lanzada esa tarde, repentinamente se detuvo, paró las orejas, la pata derecha ligeramente levantada del suelo. ¡Zas! Cinco o seis cohetes de plumas surgieron de los silos ocultos en el césped alto. Maggie ladró con su autoridad y alegría típica, ¿pero qué era eso? Una de las aves se mantuvo volando bajo y Maggie inició una intensa persecución.

Volando por la calle, ellas serpenteaban hacia atrás y adelante, tan rápido y tan lejos que rápidamente los perdí de vista. Yo oraba, gritaba, y corría a medida que los tres nos dirigíamos a una transitada calle de cinco carriles, el ave volando para salvar su vida, Maggie estaba tan concentrada en su deseo que ignoró mis instrucciones. Sintiéndome rápidamente exhausto en el calor sofocante, mi corazón saltó cuando finalmente la miré moviéndose hacia mí, y luego casi se paró cuando me di cuenta que difícilmente podía caminar.

Aun cuando se detuvo antes de correr hacia una muerte segura en la transitada calle, su desobediencia le había dejado su marca. El calor del pavimento le había desgarrado las plantas de sus patas y ahora que el objeto de su deseo se había ido, ella se daba cuenta de su dolor. Maggie por lo general es totalmente obediente (Una vez detuvo su salto sobre un conejo con un simple "NO"), pero esta vez ella estaba tan concentrada que no me escuchó. Seguro, pudo haberla mantenido con su correa, y algunos dirán que siempre debo traerla así, pero en mi mente su obediencia anterior le daba ciertas libertades. Su decisión de no escucharme y obedecer esta vez me robó la oportunidad de protegerla. Ella caminó con unos pequeños "piecitos" de protección y una pronunciada cojera por muchos días y se volvió un poco loca al no poder jugar pelota por dos semanas, pero pronto sanó y su vida volvió a la normalidad —con la excepción de que ella escuchó con más cuidado que antes.

Sí, Maggie perdió algo de energía ese día, pero ambos ganamos mucho más. Aunque esa tarde no regresé a escribir, fui inspirado al pensar lo mucho que me parecía a mi perra. Dios nos da libre albedrío. Funcionamos sin correa, así que podemos levantarnos correr si lo decidimos. Sin embargo, se espera que obedezcamos la voz de mando —la voz de nuestro Amo- si vamos a mantenernos seguros y obtener lo máximo de la vida. Una atracción temporal puede distraernos de la seguridad de Dios. La buena noticia es que Él nos llama sin cesar y, cuando nos volvamos, Él vendará nuestras heridas, nos dará descanso, y nos ayudará a sanar y tener más sabiduría. Lo hermoso es que aun después de nuestra desobediencia él nos invita a caminar de nuevo —de nuevo sin la correa.

EN CONCLUSIÓN:

Dios no desea que usted experimente dolor o fracaso, pero puede usar sus malas elecciones, y las malas elecciones de otros que llevan al estado lastimoso del mundo, para lograr lo que Él verdaderamente desea. Dios quiere que usted lo conozca como su Señor y su Dios. Esto significa que Él quiere que usted conozca paz y alegría en la confianza de su poder y amor a pesar de lo que el mundo le arroja. Cuando usted ignora sus instrucciones, finalmente fallará en cumplir su propósito y esto le lastimará. Él le llamará y tal vez haga su camino más difícil para que usted se vuelva a Él, pero no lo obligará a amarlo. Dios quiere que su obediencia venga del amor y el reconocimiento de quién es él. Usted camina sin correa. Escoja inclinarse a la voz de su Amo y caminará en libertad y alegría. Elija la desobediencia y usted se quemará.

HABLE CON DIOS:

Pida a Dios que examine su corazón para ver si hay alguna desobediencia en usted —algo que usted no esté dispuesto a dejar y que todavía no pueda confiar a Dios. ¿Hay alguna área de su vida que no puede dejar porque no está seguro que cree su promesa de proveerle un placer mayor? Confiese lo que Él le revela y pida perdón si es eso lo que usted realmente quiere. Pida ayuda para volverse del pecado y por un creciente deseo de aprender mayor obediencia.

CAVE MÁS PROFUNDO:

Dé una vista objetiva de su vida, al menos lo más que pueda. ¿Hay algo a lo que usted no podría renunciar aun si Dios se lo pidiera? Lea Lucas 15:25-33, pero no se desanime. Dios quiere que usted crezca en su amor tanto que pueda estar dispuesto a abandonar todo por causa de Él. Pudiera ser que Él nunca se lo pida, pero Él sabe que usted encontrará una gran libertad cuando se compromete de todo corazón. Imagine cómo podría vivir de manera diferente si se comprometiera completamente a los deseos de Dios por usted y confiara completamente que Dios es bueno.

Pregunta 15

"Me equivoqué, ¿qué hago ahora?"

Por lo tanto, ya no hay ninguna condenación para los que están unidos a Cristo Jesús, pues por medio de él la ley del Espíritu de vida me ha liberado de la ley del pecado y de la muerte.

Romanos 8:1-2

Después de aceptar a Cristo, usted llega a ser una nueva criatura. Usted puede experimentar algunos días o meses de dicha emocional antes de que su viejo yo haga lo que usted había jurado que nunca volvería hacer. Puede ser dormir con alguien, alimentar una adicción, o sólo estirar la verdad, lo toma por sorpresa. Cuando ello sucede, usted se decepciona de sí mismo y a menudo cree que Dios siente lo mismo.

Cuando eso me sucedió a mí, cuestioné todo —mi salvación, si Dios me volvería a escuchar, y si le podría contar a alguien. Llegué a pensar en empacar y a regresar a la vida antigua. Pero esa no era una opción. La vida antigua estaba muerta, y alejarme de Cristo no haría que mi corazón volviera a ser como antes. Así que, después de un tiempo me volví a Dios, le confesé mi pecado, y comencé el discreto, pero hermoso, modelo de toda la vida de rendir parte por parte de mi vida a Dios. Cada vez que nuevas áreas de debilidad en mi carácter o dolor de mi pasado era revelado, las entregaba a Dios. Con el tiempo, el proceso se volvió más fácil, y para mi sorpresa, en realidad comencé a sentirme normal y lleno de esperanza.

Si usted esperaba ser libre de sus antiguos modelos e influencias, muy probablemente está equivocado. Todas estas cosas que le daban placer temporal o un sentido de seguridad, pero lo dejan vacío y sucio por dentro, todas están allí todavía están al acecho, tratando de cortejarlo para que regrese, haciéndole creer la mentira de que usted les pertenece. No escuche.

Mire, la culpa que usted siente no viene de lo que usted hizo mal, viene de Dios. El hecho de que usted se siente mal es prueba de que Dios lo ama. Dios quiere hacerlo libre de cualquier mentira que le dice que usted necesita cualquier otra cosa distinta a él para sentirse completo; su Espíritu está allí para señalarle lo que usted debe abandonar.

Dios no sana el pecado, Él lo perdona. Dios sana lo que está dentro de su cabeza que lo lleva a pecar. No se aleje de Dios y se esconda —nunca. Eso de todas maneras no tiene sentido y es absurdo, ya que Él de todos modos conoce todo. Él le muestra su pecado para que usted pueda estar a su lado y lo vean juntos, hombro con hombro, comience a trabajar en ello. Las cosas malas que usted hace, las cosas que lo hacen sentirse como un error, o las cosas que lo hacen sentir sucio ya no son barreras entre usted y Dios. Sencillamente son las cosas que siguen en la lista para ser tratadas entre usted y Dios a medida que usted avanza hacia mayor paz y libertad.

EN CONCLUSIÓN:

Abrace este momento. Admita ante Dios lo que usted hizo. Pida su perdón y ayuda para no volver a conformarse a esos modelos. Confiese a alguien en quien confíe y siga adelante con la vida. Ya no más es condenado por lo que hace. Hay una gran diferencia entre convicción y condenación. Lo anterior sucederá regularmente hasta que usted muera, pero lo último sólo se queda por su decisión. Confíe en mí, no es un amigo. Déjelo ir.

HABLE CON DIOS:

Piense sobre algo de su pasado o su presente que tal vez usted no le ha confiado a nadie —un secreto que usted teme que alguien sepa. Escoja confiar eso a Dios. Pida perdón. Hable con Él acerca de por qué tiene dudas en confiar en Él.

CAVE MÁS PROFUNDO:

Lea 1 Corintios 10:13. Haga una lista de las promesas que Dios le hace en este versículo. ¿Escogerá aceptar la gracia y recibir el poder de Dios o lo dejará vencerlo? Simplemente es una elección.

PREGUNTA 16

"¿NECESITO AYUDA?"

¿Está afligido alguno entre ustedes? Que ore. ¿Está alguno de buen ánimo? Que cante alabanzas. ¿Está enfermo alguno de ustedes? Haga llamar a los ancianos de la iglesia par que oren por él y lo unjan con aceite en el nombre del Señor. La oración de fe sanará al enfermo y el Señor lo levantará. Y si ha pecado, su pecado se le perdonará.

Santiago 5:13-16

Allí estábamos: yo y esta amada persona con su maleta llena con una ropa de una semana, artículos de tocador, tarjeta de identidad, Biblia, y $150 dólares que le di para gastar —la lista de los artículos permitidos por una estancia de un mes.

Primer día de rehabilitación.

Mientras estaba sentado al lado de Kara en la oficina de admisiones llenando una montaña de papeles, el director revisó el bolso de ella con la mayor gentileza y amabilidad que pudo, hablando un poco para evitar que ella se sintiera como un criminal mientras él miraba con cuidado en cada bolsa y grieta en busca de contrabando. La botella media llena de multi vitaminas no pasaba… ya abierta. Me imagino que algunas personas han llegado tan lejos como para contaminar vitaminas con drogas, pero ese no era el problema de ella. No, además de sufrir de depresión y una adicción a la nicotina, ella es una alcohólica.

Esta mujer inteligente, vibrante, talentosa y, sí, cristiana, de cuarenta años, entraba a "rehabilitación". En los pocos días que llevaron a este momento, ella estuvo avergonzada, triste, negando, y a veces un poco airada; pero ese día, ella estaba mayormente humilde y resuelta. Llevó un rato llegar allí, pero finalmente arribó en el tren del tiempo perfecto de Dios.

Casi diecisiete meses antes Kara había aceptado a Cristo. Al pensar suicidarse con un puñado de pastillas, ella tocó fondo después de que la vida le lanzara muchas curvas. Ella encontró a Dios cuando finalmente se encontró a sí misma carente de poder. Tal vez usted haya escuchado esta historia muchas veces. Algunas veces se requiere descubrir las profundidades del infierno en la tierra para renunciar al control de nuestra vida, admitir su necesidad, y confiar en Dios. Usted piensa: *Ella es salva ahora, así que esta es una historia trágica maravillosa con un final feliz, ¿verdad?* Bueno, después de la muerte eso es una garantía, pero ¿qué de los días entre hoy y entonces? ¿Cómo vive ella hoy con el impacto de su vida antes de Cristo?

Kara acababa de alcanzar la fase 2 en la vida de un convertido adulto. No había dudas de que ella era salva. Esto lo sabíamos porque la amable y persistente mano del Espíritu Santo había comenzado amorosamente a pelar la cebolla, una olorosa capa a la vez. Por meses ella había estado poniendo su vida en orden, volviendo a conectarse con la familia y yendo a vivir a la otra mitad del país para tener un nuevo comienzo. Sólo después de un año de buscar a Dios y volver a unirse a relaciones con personas que se preocupaban por ella, finalmente estuvo lista para dar un vistazo honesto al estado en que se encontraba. Sólo entonces ella pudo reconocer el resentimiento –heridas y cicatrices dejadas por una vida luchando por sobrevivir en un pozo de desesperación.

Algunas personas se dan cuenta de que necesitan ayuda de otros el día que se vuelven a Dios. Para otros esto toma más tiempo. No importa la edad que tenga cuando abraza a Dios, la vida ha dejado sus marcas en usted. Dios lo puede sanar, pero usted debe reconocer lo que necesita sanidad y a dónde debe ir para recibir el mejor tratamiento.

Mi amiga Kara se dio cuenta que se requería más que un consejero o guía espiritual para dar el siguiente paso de libertad. Todo lo que ella pensaba sobre sí misma y cómo debía ser la vida necesitaba ser examinado otra vez. Pero no importa cuál sea su situación, como en el caso de Kara, sus necesidades se darán a conocer un poco a la vez y siempre con la ayuda del punto de vista de otros. Esa es la razón por la que llegar a ser maduros espiritualmente requiere que usted se comprometa en relación con otras personas que también confían en Cristo, para que usted pueda encontrar personas cuyas opiniones sean objetivas y dignas de confianza.

¿Tiene usted la sensación de que Dios le está golpeando levemente en el hombre y le pide que vea un aspecto específico de su vida? ¿Hay modelos para las preocupaciones expresadas por amigos o familiares? ¿Está usted buscando esas respuestas o trata de negar su realidad? ¿Hay algo que piensa que debe hacer pero no está haciendo?

Cuando usted acepta a Cristo, puede atenderse su eternidad, así como su desesperación inmediata. Sin embargo, el tiempo que le queda en esta tierra está lleno de elecciones –elecciones en las que usted con frecuencia fallará no importa lo duro que se esfuerce, especialmente al principio.

Las elecciones que haga después de aceptar a Cristo son dictadas por un conflicto perpetuo de "Mentiras de la vida" vs. "Verdad espiritual." Las mentiras de la vida son los modelos grabados de respuesta emocional a la vida que se vive sin el Espíritu de Dios e inicialmente se sienten más verdaderas que cualquier cosa porque son lo que usted siempre ha conocido; pero la verdad se halla sólo en el carácter verdadero de Dios. Desafortunadamente, lo que usted sabe acerca de Dios determina lo que acepta de usted mismo, y la ignorancia a menudo reina suprema como un nuevo cristiano.

Usted necesita alguien que hable verdad en su vida. Usted necesita personas que sean lo suficiente maduras en su propia fe para distinguir entre "Mentiras de la vida" y "Verdades espirituales." A veces Dios también usará no creyentes para hablar verdad en su vida. Todos necesitamos ayuda de vez en cuando —la pregunta es si usted estará abierto a ella cuando llegue el momento.

EN CONCLUSIÓN:

Es tiempo de salir y comenzar a confiar en Dios al confiar en otras personas. Usted no puede hacer esto solo. La vida no fue hecha para ser vivida fuera de la relación porque usted fue creado para ser conocido.

HABLE CON DIOS:

Agradezca a Dios por la fe que tiene, pero también pídale ayuda con sus áreas de incredulidad. Agradezca a Cristo por morir y resucitar de nuevo para que todos los creyentes puedan llevar su Espíritu para guiarlos y alcanzarlos en todas las cosas. Tenga una conversación con Jesús acerca de lo que Él piensa de la iglesia.

CAVE MÁS PROFUNDO:

Pase algún tiempo pensando en las personas en las que usted confía plenamente. Si hay algunos a quienes usted les podría contar cualquier secreto y compartir sus temores, esperanzas, y sueños, ¿qué los capacitó para ganar ese lugar en su vida? Piense en qué podría hacer que lo capacitaría para crecer en su confianza en Dios.

Pregunta 17

"¿Por qué leer la Biblia?"

Escrito está: "No sólo de pan vive el hombre, sino de toda palabra que sale de la boca de Dios."

Mateo 4:4

Dos mil… páginas de hoja delgadísima con bordes dorados, mapas y referencias, diccionario y cuadros de palabras, nombre grabado en la portada, y la cinta para marcar libros… se conoce como la Biblia. Esta monstruosidad de 2 kilos de un libro puesto en la mesa frente a mí puede tener rivales en estatura física entre los grandes clásicos de la literatura, como *La Guerra y la Paz* de Tolstoi o *La Iliada* de Homero, pero absolutamente nada ha podido sobrepasar su impacto.

A primera vista, este libro con su diseño singular, esta Biblia, aparece tan irresistible como el directorio de teléfonos —sin tener siquiera suficientes imágenes para mantener su interés o suficiente estructura para que usted investigue con más provecho. No está escrita cronológicamente de manera que se pueda leer más fácilmente de tapa a tapa. Ni siquiera parece ser una historia, sino más bien una colección de historias, algunas repetidas numerosas veces, escritas por entre cuarenta y cincuenta escribas —la mayoría conocidos y unos pocos supuestos.

¿Por qué es tan importante?

Durante miles de años, este libro en sus muchas piezas y formas fue copiado, distribuido, leído, traducido y copiado una gran cantidad de veces. Aun el día de hoy, equipos dedicados viajan por el mundo, aprendiendo lenguas antiguas habladas sólo en áreas remotas de selvas lejanas, con el propósito de traducir este texto en idiomas tribales nativos de personas indígenas. Hay numerosas interpretaciones en el vernacular de muchas épocas, de los textos originales arameo y hebreo escritos en pieles de oveja, piedras y papel primitivo a la Reina Valera escrita hace muchos siglos en el antiguo español con sus voces y giros difíciles de entender, a las versiones más recientes como *La Biblia al Día* escrita en un idioma moderno fácil de entender. Sí, ha sido traducida muchas veces a muchos idiomas. Pero dentro del mensaje de este texto, más que el método de traducción, muchas personas disputan detalles y buscan aparentes contradicciones —aunque nadie puede disputar el singular impacto masivo de estas palabras.

El más grande arte, música, poesía y literatura fue inspirada por el mensaje de estas palabras. De las obras de Rembrandt, Miguel Ángel, Beethoven, Andel, Bach, Dante, Milton, Tolstoy, y muchos otros proceden muchas facetas de expresión del mismo mensaje. La literatura combinada de los grandes pensadores y filósofos de todos los tiempos, de Platón a Sócrates y Aristóteles, han palidecido en comparación a su impacto. Ningún otro trabajo ha inspirado a tantos pensadores y artistas, pero fue escrita por hombres sencillos, muchos admitidamente sin educación.

Ningún libro ha sido leído tantas veces en partes o todo por más personas, en más idiomas, en más años —tampoco tiene más libros escritos acerca de él- que la Biblia. ¿De qué trata este libro? Mucho de él contiene listas mundanas y aburridas de familias y detalles acerca de épocas pasadas. Francamente, ninguna de estas palabras parecen increíblemente inspiradoras cuando se miran como otra simple pieza de literatura. No, hay algo más singular respecto a este libro que sus bordes dorados y que constantemente aparezca como el libro más vendido en todas sus variadas formas.

¿Por qué es tan importante? ¿Hay algo en el libro mismo o en sus palabras? ¿O hay algo más —como algún conjuro mágico que cae sobre el lector?

Sí y no. Cuando era niño, pensaba que el libro en sí tenía algunas propiedades especiales y por ello lo trataba con cuidado. Me confundió bastante cuando miré a mis abuelos escribir en él, subrayarlo, poner notas en los márgenes —algo que no tenía permitido hacer ni siquiera con mi librito de fotografías. Obviamente ellos amaban este libro ya que lo leían con frecuencia, aunque parecían tratarlo con una combinación de un sentido de tesoro y desprecio. Esa era sólo la primera de una larga línea de contradicciones confusas que persistieron en mí por décadas con este libro.

He observado personas mientras estudian este libro. He visto que algunos de ellos se han encontrado sólo con palabras, alejándose frustrados y con ira. Otros han llegado a confrontarse con su alma y han experimentado cambio radical en su ser a partir de un simple renglón en una página abierta al azar. Cada uno pudo haber comenzado como un escéptico, leído el mismo libro, sin embargo los dos experimentaron algo diferente.

Un joven ruso de un pueblo muy pequeño cuenta la historia de su madre rebelde durante tiempos comunistas. Por setenta años, la Biblia estuvo al principio de una lista de libros prohibidos, y si usted era sorprendido con una, podría ser encarcelado o enviado lejos, a donde nunca se volviera a oír de usted. Aunque esta mujer no creía en Dios, no estaba atada a las restricciones y en secreto guardaba una Biblia como una manera privada de decir: "¡No seré controlada!" El ser dueña de una Biblia no cambió a esta mujer, pero su hija leía ese libro cada vez que se sentía oprimida y encontró libertad del impacto de sus circunstancias. Años después, debido a este libro, no sólo se convirtió en una persona radicalmente diferente, sino que también comenzó a ayudar a otros a descubrir la verdad que ella había encontrado. En vez de que el odio y la rebelión crecieran y ardieran en su corazón, ella se volvió compasiva, cuidadosa, y vivió una vida de servicio a otros. Ella encontró paz a través de cartas sencillas arregladas en grupos, separadas por símbolos y espacios.

Conozco a un hombre, un amigo mío, que creció en el corazón del cinturón bíblico americano: Atlanta, Georgia. Él fue a la iglesia, y leyó y estudió la Biblia toda su vida, sin tener ningún impacto en su carácter o sensación de paz. Él se esforzó en los negocios y encontró el éxito en la forma de poder y dinero. Al entrar a sus años cuarenta con el logro de cada meta mayor de la vida establecida en las dos décadas anteriores, su definición de éxito cambió. Repentinamente nada de ello le importaba y se encontró desesperado. Con un puñado de dólares y un garaje lleno de autos veloces que podían alcanzar cualquier cosa en un destello, la paz seguía eludiéndolo.

Desesperado se volvió a estas cartas, símbolos y espacios en búsqueda de solaz, de verdad. Esta vez encontró lo que buscaba, y fue cambiado para siempre. Él aprendió el deseo de Dios de que lo conozcamos y cómo el pecado y la rebelión nos mantienen separados. Él leyó del sacrificio de Cristo de manera que pudiéramos reunirnos con Dios, y él creyó.

Una semana después él dijo: "Me ha ocurrido lo más extraño. No puedo dejar de leer la Biblia."

"¿Por qué?" pregunté.

"Oh, eso es simple, ahora conozco al autor."

Este libro no es solamente letras, números, espacios y símbolos —tampoco son opiniones, conjeturas o fábulas. Las palabras en este libro pueden cambiar vidas, pero sólo si esas vidas buscan un cambio y la verdad dentro de las palabras.

Para que estas palabras tengan el impacto que con frecuencia se les atribuye, debe haber algo más allá del mero texto obrando aquí.

La respuesta se halla en la combinación del autor, el mensaje, el intérprete y el corazón del lector.

La Biblia es una historia contada en muchas partes, desde muchas perspectivas, pero siempre con un tema y un propósito constante. Esta es la historia de Dios y su deseo de relacionarse con el ser humano. Los altibajos de esa relación —el rechazo y perdón, las personalidades y disputas, la búsqueda y la negación- son todas la misma historia. Aunque los personajes cambian, el héroe de la historia no. Dios se ha mantenido consistente a través de todo, pero se llevó todo un libro, miles de páginas, y muchas perspectivas para describirlo.

Este libro habla de su pureza y santidad, su requerimiento de verdad y justicia, y nuestro fracaso para alcanzar eso por nosotros mismos, y su desesperada búsqueda de nuestro amor. Nos habla de la paciencia increíble de Dios y del egoísmo del hombre. Nos habla del camino de reconciliación provisto para esa relación, y cómo vivir una vez que nos hemos reunido. Este libro es la historia de amor final, sazonado con alta aventura y realidad histórica, y usted es uno de los personajes principales.

La Biblia habla de todas estas cosas, pero sin la inspiración del Espíritu de Dios, simplemente lo lleva a una decisión de creer o no creer, y hace poco para cambiarlo. Si una persona escoge no creer esta historia, nada le sucederá. Pero los que escogen creer pueden cambiar con cada página que leen.

Él dice que si buscas la verdad la encontrarás. Usted ha escogido creer en Dios y en el sacrificio de Cristo; por tanto, se le ha dado un don. Se le ha dado el gran intérprete de la voz de Dios llamado Espíritu Santo. La Biblia, ahora con la interpretación que el Espíritu provee, es como los subtítulos de una película extranjera. Puede entender muy poco de la película sin ellos y pasarse horas conjeturando y frustrándose, o puede leer los subtítulos e interpretar lo que sucede.

Una vez que conoce los personajes, la trama, los temas y el mensaje de la película a través de la guía de la interpretación, usted puede comenzar a pensar en pasar de la acción inmediata y el diálogo a lo que puede ocurrir. Mientras mira una buena película, usted llega a ser un participante en la emoción y la acción, levantándose de su asiento y de sus zapatos, y siendo transportado a otro lugar y tiempo. Usted experimenta algo más que palabras e imágenes, como cuando lee la Biblia con la interpretación apropiada. Cuando usted escucha la voz de Dios dentro de las páginas de la Biblia —su Palabra- y pide la interpretación del Espíritu de Dios, su voz comienza a volverse clara y usted es introducido en las páginas. La historia llega a ser entre usted y Dios, y usted es cambiado porque encuentra que es verdad y no fantasía. En vez de experimentar un escape temporal de la realidad, usted es transportado a la realidad.

Es difícil de entender al principio, pero si piensa en estas palabras como la verdad de Dios que Él desea comunicarnos, directamente de su boca a las manos de los escribas, estas palabras tienen el poder de llegar a ser más que literatura.

Dios inspiró al hombre a escribir estas verdades porque Él quiere ser conocido, y como hemos considerado, sólo cuando comenzamos a ver a Dios claramente podemos vernos de la manera correcta. Cualquiera que busca la verdad sobre la comodidad conocerá a Dios dentro de estas páginas y, después de algunas penas, con el tiempo se sumergirá en el confort de su creador. Y esta es precisamente la razón por la que muchos miran sólo palabras. Ellos no tienen el deseo de encontrar la verdad ni el intérprete del mensaje; por tanto el mensaje no tiene impacto.

Sé que esto suena un poco confuso, pero si usted cree que Dios desesperadamente quiere que estemos en íntima relación con Él, ¿no cree entonces que Él quiera comunicarse con nosotros? ¿Cree que Él haría lo posible para que tuviéramos conversaciones? Él se llama gran consejero, Padre, nuestro amado, y nuestro novio. Eso es muy íntimo, pero Él habla en serio.

Hay libertad en estas páginas y debe ser su búsqueda de toda la vida encontrar la voz de Dios en sus páginas. ¿Qué está haciendo acerca de ello hoy? ¿Está pidiendo ayuda? ¿Está hojeando o buscando la verdad? ¿Está buscando confirmación para lo que usted quiere o está buscando lo que Dios quiere decirle?

Hay otra verdad en juego aquí. Nada de lo que he dicho acerca de la Biblia tendrá algún sentido hasta que usted lo experimente por sí mismo. Cuando usted lee algo que ha leído muchas veces y de pronto salta de la página, agarra su corazón, y lo pone de rodillas, usted se dará cuenta de que Dios está vivo, su Espíritu está en usted, y su vida es como una vid que busca su alimento de esta fuente. Usted verá que lo que una vez percibió como ciencia ficción es ahora realidad histórica por experiencia personal. Y entonces querrá contarles a otros.

EN CONCLUSIÓN:

Si usted lee y aprende a interpretar correctamente la Biblia, guiado por el Espíritu Santo, usted cambiará. Si usted trata de vivir su vida cristiana aparte de la Palabra de Dios, su voz se mantendrá distante. Es la manera en que Él nos hizo. Simplemente es así.

Dios está vivo y habla —lea los subtítulos.

HABLE CON DIOS:

Pida al Espíritu de Dios que guíe sus oraciones, luego pase unos cinco minutos pensando en silencio acerca del asombroso hecho de que Dios —el Creador todopoderoso del universo- quiere hablarle de maneras muy íntimas, con palabras muy personales. Dígale lo que usted piensa acerca de ese privilegio y el don de la Biblia.

CAVE MÁS PROFUNDO:

Lea el Salmo 18 y por cada versículo escriba un paralelo simbólico para su propia vida (por ejemplo, ¿qué puede Dios hacer para protegerlo de sus enemigos?) o reconozca lo que Él ya ha hecho en esa área.

Pregunta 18

"¿Qué es el éxito?"

Sin fe es imposible agradar a Dios.

Hebreos 11:6

"¿Qué quiere Él de mí?" Dijo Jim mientras tenía su cabeza inclinada, sus ojos fijos en el suelo sólo un milímetro arriba de su pundonor. "Colaboro en la iglesia, trato de hacer las cosas correctas, pero aun así siento que Él está decepcionado. Siento que nada de lo que yo haga agradará a Dios."

"Así es, Jim, tienes razón. No puedes agradar a Dios con nada de lo que hagas."

Esa no era la respuesta que mi amigo esperaba, pero era precisamente la realidad que necesitaba comprender. El hecho de que él no lo entendía, después de largos años de seguir a Cristo, revelaba que la más básica y más importante verdad de la vida cristiana todavía lo eludía. Como resultado, la verdadera alegría estaba destinada a permanecer elusiva también. Para evitar el camino sin gozo de Jim, hay algo que usted debe procurar entender ahora, aunque lo seguirá asombrando y sorprendiendo a lo largo de su vida: usted no puede agradar a Dios con nada de lo que *haga*.

La realidad de esta verdad revela la esencia de lo que Dios espera de usted, lo que Él desea que usted conozca respecto a Él, y lo que le seguirá enseñando hasta el día que usted muera. Para ser más específico, lo que importa no es lo que hace, sino *por qué* lo hace y *qué* sucede en usted. Vea usted, Dios sólo está preocupado por la condición de su corazón y el producto de su esfuerzo a través de usted, de manera que Él recibe el reconocimiento cuando usted admite que no hay nada que usted pueda hacer completamente por sus propias fuerzas.

¿Recuerde cuando hablamos de su propósito en la vida –conocer mejor a Dios cada día? Para ayudarlo a alcanzar ese propósito, Dios hará su parte, lo que significa que constantemente lo pondrá en situaciones que profundicen su comprensión de su carácter y amor. Para entender la verdad de su poder, usted debe verse a sí mismo carente de poder. Para entender su gracia, usted debe fallar. Sólo a través de este camino será Dios glorificado por las acciones de usted.

Esto va completamente en contra de la idea de que Dios desea que seamos felices y estemos cómodos todo el tiempo. Cuando Dios recibe más reconocimiento que usted, es probable que usted esté haciendo algo que está más allá de su capacidad (emocional, física, relacionalmente o de cualquier otra manera) y es forzado a confiar en Él en el proceso. Esto significa que probablemente usted haya sido incomodado, sacado de terrenos conocidos, y estirado un poco.

Dios no espera que usted tenga éxito todo el tiempo. Dios no espera que todo lo haga bien (cualquier cosa que esto sea). Dios no espera perfección o un deseo intenso de *esforzarse* todo el tiempo.

Dios espera que usted confíe en Él. Eso es todo. Él espera que usted descanse en Él basado en su fe. Él espera que en su vida sucedan milagros porque espera que usted le dé la libertad de realizarlos. Él espera que usted sea humilde a medida que aprende más de Él, para admitir su necesidad mientras aprende más de sí mismo, y se vuelva a su Padre en busca de dirección, sanidad, fortaleza y por cualquier cosa que necesite. Dios espera que usted ame en abundancia, pero que encuentre esa abundancia dentro de su alma –sin ser afectada por su medio ambiente.

EN CONCLUSIÓN:

Usted nunca agradará a Dios al simplemente *hacer* algo. Usted sólo puede agradar a Dios al permitirle que cambie su ser. Sólo entonces podrá hacer lo correcto por las razones correctas de la manera correcta. ¿Qué está tratando de hacer por su propio poder? ¿Cuáles pecados está tratando de vencer? ¿Qué metas trata de alcanzar? Deténgase. ¿Reconoce su necesidad de Dios? ¿Ha fallado ya lo suficiente? ¿Reconoce cómo sus expectativas y deseos limitan la libertad que Dios le quiere dar? Abandonar cualquier cosa menos su necesidad y apreciación del amor y poder de Dios. Pida fe. Reciba fe. Actúe en fe. Sea cambiado. Y viva abundantemente.

HABLE CON DIOS:

Lea un Salmo breve, tal vez el Salmo 100. Piense en su idea de lo que es y hace un *buen cristiano*. Pase tiempo hablando con Dios sobre cómo usted trata de "obrar" su fe. ¿En qué áreas no está confiando en Dios para cambiar, crecer o ser libre? Pida ayuda para renunciar a sus esfuerzos y aprender a confiar más.

CAVE MÁS PROFUNDO:

Busque la palabra *fe* en el libro de Mateo y vea el contexto de lo que Jesús dice en el pasaje. ¿Qué observaciones puede hacer sobre el punto de vista de Jesús acerca de la fe y la respuesta de Dios a ello?

"¿QUÉ PUEDO SABER?"

Quiero que lo sepan para que cobren ánimo, permanezcan unidos en mi amor, y tengan toda la riqueza que proviene de la convicción y del entendimiento. Así conocerán el misterio de Dios, es decir, a Cristo. En quien están escondidos todos los tesoros de la sabiduría y del conocimiento.

Colosenses 2:2-3

Cuando era un niño, teníamos una tradición especial: abrir un regalo de navidad de nuestra elección en la víspera de la navidad. Mis hermanos y yo generalmente estábamos tan enfocados en el día de navidad que olvidábamos este rito anual hasta que casi estaba encima de nosotros. Creo que la tradición nació simplemente de la frustración que mi madre experimentaba cuando nuestro incesante gemido, agitar los regalos, mirar a hurtadillas y conjeturar llegaba a un nivel de fiebre. Mirando al pasado, era una gran táctica para hacernos callar y enviarnos a la cama; pero creo que finalmente ella recibía tanta alegría en dar como nosotros en recibir. Resultaba interesante, sin embargo, el simultáneo despertar de un grado más elevado de emoción acompañado igualmente por una tranquila y amable calma. Éramos felices. Teníamos un atisbo de las glorias que vendrían y nos dormíamos.

La alegría navideña de un niño de cinco años es una comparación pálida de la eternidad con Dios, ¿pero qué más puede estar más cerca? ¿Acaso el día de su boda, cuando nació su primer niño, ganar la lotería, tener un gran trabajo, o llegar a jubilarse serían un buen paralelo? La Biblia nos dice que pasaremos la eternidad en tal asombro que cada vez que veamos la gloria de Dios, caeremos rostro en tierra en admiración reverente.

Cara a cara con Dios, nuestro conocimiento de Él completo y perfecto —esa es la promesa del día de navidad que experimentaremos en la eternidad. De hecho, porque nuestra nueva naturaleza es ahora como la de Cristo, nuestra eternidad esencialmente ya ha comenzado –vivimos nuestra víspera de navidad. No hay necesidad de esperar hasta que muramos para experimentar a Dios en su gloria. "Toda" su gloria tendrá que esperar, pero Él desea que abramos cualesquier regalos de verdad que podamos aceptar mientras caminemos por este planeta; y eso es más de lo que usted puede esperar.

¡Sólo tenga cuidado del ladrón! Este ladrón es su idea de quien es Dios basado en su pasado y actual conocimiento de Él. Ahora mismo su idea es bastante incorrecta, y siempre estará equivocada en algún grado porque siempre será incompleta. Este ladrón le robará el deleite en conocer más acerca de Dios. Si conocer a Dios es navidad entonces renunciar a la búsqueda de conocer a Dios ¡es el Grinch! Hay tanto que usted puede conocer acerca de Dios este lado de la eternidad. Enfocándose en las verdades conocibles cambia todo. Eso es cuando esta libertad más profunda puede poseer su vida. Eso es cuando usted finalmente aprende a verse como Dios lo mira, lo cual primero requiere que conozca a Dios un poco mejor. Cambia todo cuando usted ve a Dios de la manera que Él quiere ser conocido, y Él le permite ver a otros con sus ojos.

Oro porque nunca descubramos las bendiciones que perdimos en la tierra –los regalos que se quedaron sin abrir. Mientras más aprenda del carácter de Dios y de su incomparable amor, más comenzará a esperar con expectación el atisbo de la víspera de navidad. Adivine qué… ¡la víspera de navidad es cada día! Aprenda a esperarla; búsquela. El cristiano maduro espera bendiciones asombrosas en tiempos buenos como en tiempos malos. Esa es una perspectiva nacida de un conocimiento de Dios y de uno mismo que prueba ser inquebrantable. Nada lo mueve en tormentas o celebraciones. Esa es una perspectiva que todo cristiano debe tener.

EN CONCLUSIÓN:

Dios quiere que usted lo conozca –íntimamente conocido- pero usted puede tomar un poco cada vez. ¿Por qué? Porque cada vez que vemos más de Él, nos vemos a nosotros mismos con más claridad. Todavía hay algunas cosas feas que controlan nuestros pensamientos y acciones aun después de la salvación y eso muestra nuestra desesperada necesidad de Dios. Créame, usted sólo quiere un poco de esa verdad a la vez. El que Dios sea un misterio y usted algo ignorante es una bendición. De esa manera Dios puede permanecer siempre más grande que nuestras más brillantes ideas, lo que le da la libertad de asombrarnos cada día. Sólo puedo confiar en un Dios más grande que lo que yo puedo evocar en mi mente. ¿Es ese el Dios en el que usted quiere confiar? ¿Es esa la aventura que usted quiere para toda la vida?

HABLE CON DIOS:

Si usted puede, vaya a algún lugar abierto y siéntese. No importa si hay mucho ruido —sólo salga fuera. Lea el Salmo 19 y luego mire alrededor. Piense en lo que ve en el cielo, el suelo, y entre ambos. ¿Qué siente —viento, calor, lluvia, nieve? Piense en lo que no entiende de las cosas que acaba de observar. Ahora, hable con Dios de lo poco que usted entiende del mundo que lo rodea —cómo funciona la creación; cómo la tierra está suspendida en el espacio y gira perfectamente cada día; cómo funciona el sol; cómo la vida llega a una persona y por qué la deja. Ahora dígale lo que usted conoce acerca del carácter del Creador del universo. ¿Qué más quiere usted saber? Siga la conversación como sea dirigido.

CAVE MÁS PROFUNDO:

Lea lo más que pueda de Job 38-42 en el tiempo que tenga. Aunque era conocido por Dios como sin culpa, justo y único entre los hombres, Job cuestionó a Dios. ¿Qué cuestiona usted acerca del poder y la bondad de Dios? ¿Es su respuesta a la verdad de Dios similar a la de Job?

Pregunta 20

"¿Por qué todavía suceden cosas malas?"

*Pero la Escritura declara que todo el mundo es prisionero del pecado,
para que mediante la fe en Jesucristo lo prometido se
les conceda a los que creen.*

Gálatas 3:22

Ella se veía terrible. Sus ojos rojos, su maquillaje corrido, y su fija mirada, triste y vacía, revelaban que ella había estado llorando. Denise, esta joven mujer que normalmente era vibrante y feliz, que podía no sólo iluminar habitaciones con su sonrisa sino cuadras enteras de una ciudad, se había derrumbado en un montón de oscura y maloliente tristeza.

Pasó alrededor de una hora mientras yo trataba de ayudarla a descifrar problemas serios respecto a su relación con su jefe, y cómo confrontar un asunto terrible, pero ella se frustraba cada vez más. Finalmente, se hizo aparente que ella no estaba tan molesta con esa situación particular; más bien, su mente estaba ocupada con una preocupación más grande.

"¿Por qué tiene que ser de esta manera? ¿Por qué la gente tiene que comportarse de la manera que lo hace? Eso es terrible. El mundo es un lugar repugnante. ¿Por qué tengo que enfrentar esta clase de suciedad? No hice nada para merecer esto. Sencillamente no es justo."

Sólo dos días después, en la misma mesa, habiendo cenado con otro amigo, la conversación se dirigió a los planes para el futuro, e Ishmael repentinamente se llenó de amargura. En los últimos meses, fascistas *skinheads* (un grupo de racistas que regularmente aterrorizan extranjeros) habían convertido su vida en una pesadilla. Los skinheads recientemente habían asesinado a su mejor amigo a la luz del día. Ellos habían amenazado a Ishmael en una cafetería y atacado a otros dos amigos tan cruelmente que habían requerido ser hospitalizados. Otro amigo puede haber sufrido daño cerebral permanente como resultado de otro ataque de los *skinheads*. Cada ataque vino de diferente grupo. Algunos ataques parecían bien organizados; otros fueron actos ocasionales de odio llevados a cabo por borrachos. Todos tuvieron la intención de incitar el temor.

Ishmael se quería quedar y continuar en la universidad en Europa del Este. Su familia, temiendo por su vida, se negaba a seguir apoyándolo. De nuevo, dando por sentado que su problema había sido localizado a un problema inmediato de seguridad y odio hacia su grupo, traté de buscar una solución. Mientras que la conversación avanzaba, no obstante, se reveló que la raíz de su ira no estaba tanto dirigida a sus atacantes, sino a un asunto más amplio y filosófico.

"Odio ser árabe. Me gustaría que alguien arrojara una bomba en el Medio Oriente y nos aniquilara a todos. Casi no puedo ir a ninguna parte sin ser acosado por la policía. Es casi imposible obtener una visa de estudiante en otro país. Pero creo que eso no debe ser una sorpresa. Hay tanta maldad en el mundo, tanto odio. ¿Por qué tiene que ser de esta manera? ¿Por qué todos están siempre luchando y lastimándose entre sí?

¿Qué dice usted a eso? Él tenía razón. El mundo es un lugar repugnante.

Pero también existe otra verdad. El mundo no está solo, y usted ya no está a cargo del mundo.

¿Alguna vez ha pintado una habitación o un pasillo en su casa, pensando que un pequeño toque podría hacer una agradable mejora? Tal vez usted ha vivido en una casa nueva durante varios años y es tiempo de agregar una pincelada de color o arreglar el área de más uso. Por supuesto, usted pinta la habitación que más necesita y tal vez piensa que es la única que requiere un poco de trabajo. Esto es, hasta que termina de pintar y embellecer la parte que ha escogido.

Después de limpiar todo el equipo de pintar y guardarlos con cuidado, se detiene para admirar su obra. Entonces se le va el alma a los pies. De repente se vuelve difícil disfrutar esta nueva belleza. A la luz de esta pared de perfección, las paredes vecinas que una vez se veían bien, aun agradables, ahora parecen mugrientas y con necesidad de ser reparadas. Así que saca sus brochas y escalera y comienza de nuevo, sólo para descubrir el mismo problema cada vez. Una habitación conduce a la otra, y a la otra, hasta que pinta todas las habitaciones o usted llega a una sección de la casa que está bien separada de las áreas de pintura fresca.

"¡Vaya! Por fin terminé."

Entonces usted mira hacia abajo. ¡La alfombra! ¡Ahhhhhhh!

Cuando usted fue limpiado de sus pecados, blanco como la nieve, a través de la gracia salvadora de Dios, usted no dejó de pecar, pero dejó de ser un pecador. Su identidad cambió a la de un hermano o hermana en Cristo —su igual en la herencia con Dios. Usted forma parte de una nueva familia, con un nombre nuevo y una nueva identidad. Ya no es parte de la familia de pecadores. Claro, usted se bastante igual, pero hay una nueva naturaleza dentro de usted y esa es la razón por qué sus sentimientos y perspectivas lo hacen más sensible a lo correcto y equivocado. Dios está irritado con el pecado y usted tiene el corazón de Dios. Por tanto, usted estará también disgustado con el pecado.

Usted tiene razón: el mundo no debería ser así, pero así es, y lo será hasta que el mundo como lo conocemos deje de existir. Eso explica brevemente su frustración con la manera en que el mundo es, pero no trata el "por qué." El "por qué" es un poco más complicado. Si Dios lo ama, ¿por qué suceden cosas malas en el mundo? Y más específicamente ¿por qué le suceden cosas malas a usted y a sus amados?

Dios le dio al hombre libre albedrío porque ese es el más grande amor posible. Él quiere ser amado en una manera genuina, que no podría ocurrir si Él resuelve todos nuestros problemas como el genio en una botella o si Él quitara todo el mal del mundo u obligara a la gente a amarlo. ¿Cómo puede usted obligar a alguien a que lo ame? Si usted lo intenta su respuesta sería una mentira; y su amor sería más egoísta y abusivo que cualquier bien o cuidado.

No, la única manera que una relación de amor puede ser genuina es si ambas partes escogen libremente al otro. Por tanto, para que haya una elección, debe haber una alternativa. Escoger a Dios es decidir que usted quiere ser libre del impacto eterno de todo pecado. Entonces Dios lo puede ver como puro y tener una relación de amor con usted. Entonces Él puede perfeccionarlo en lo que respecta a su conducta y a su tendencia a seguir pecando cada día. Ningún cristiano logra hacerlo correctamente todo el tiempo, pero a través de toda la vida, claramente debe haber logrado progreso en su carácter y conducta como hay progreso en la fe.

¿Qué es lo opuesto a eso? Bueno, las personas que escogen no creer y confiar en Jesucristo exhibirán diferentes grados de conducta pecaminosa, hiriente, temerosa, egoísta y airada —para mencionar unos pocos. Para que la relación con Dios sea una elección, el hombre debe estar sujeto a otras influencias aparte de Dios. Hay maldad en el mundo, y si no fuera por la gracia de Dios, seríamos partícipes voluntarios en él.

Esto realmente podría desanimarlo si no entendió el resto de la historia. La disposición de Dios de permitir que el mal exista de ninguna manera implica que Dios no tiene poder o desea ocultar ese poder. El deseo final de Dios es ser glorificado —puesto que nosotros fuimos creados para ese propósito, estamos más realizados cuando vivimos para ese propósito. Para que Dios sea glorificado, Él debe ser evidente en la tierra.

Así que, si Dios es fuerte, entonces Él es más evidente cuando somos débiles. Si Dios es amor, Él es más evidente cuando alguien no es encantador. Si Dios es perdonador, Él es más evidente cuando alguien necesita ser grandemente perdonado.

Podemos ver las situaciones como desafortunadas. Podemos gimotear y quejarnos. Podemos llorar y gritarle a Dios. Podemos airarnos y frustrarnos. Podemos amargarnos y fustigar. Podemos escondernos y evitar el mundo.

Y cuando terminamos con todo eso, ¿qué?

Cuando mi sobrino, Connor, tenía apenas dos años de edad, a menudo nos sentábamos frente a la gran pizarra que le compré para navidad. Después de que nos "volvimos artistas" al pintar con tiza la nariz del otro (nuestro ritual secreto que confundía a su padre por un buen tiempo), él tomaría una pieza de tiza y febrilmente garabateaba algo en la pizarra. Yo no tenía idea de lo que él pensaba que dibujaba, pero siempre había alguna forma, alguna pequeña figura que mostraba algo de promesa a un ojo creativo. Luego tomaría yo mi tiza en la mano y convertiría un simple zigzag en un camino que subía una enorme montaña; o un medio círculo en una pelota en la nariz de una foca; o lo que parecía un triángulo en una casa de dos niveles con una puerta y un andador y el pequeño Connor mirando por la ventana.

Algo simple, confuso, fortuito, amorfo, y aun a veces de apariencia airada en realidad era el comienzo de algo maravilloso y bello. Después de una o dos veces, Connor comenzó a emocionarse para ver lo que ocurriría después. ¿Qué crearía su tío de la pequeña cosa que él hizo? ¿Qué obra maestra se escondía en el garabato?

El mal fustigará continuamente en el mundo sin importar cómo se siente usted al respecto; y porque usted constantemente chocará contra él, siempre será empujado, magullado, cortado y herido. La verdadera pregunta no es "por qué el mal," sino "quién es Dios." ¿El mal en el mundo cambia la realidad del Dios incambiable? La Biblia nos dice que "sabemos que Dios dispone todas las cosas para el bien de quienes lo aman, los que han sido llamados de acuerdo con su propósito" (Rom. 8:28). ¿Busca usted en las cosas malas o lo culpa por las elecciones de los hombres o las fuerzas de la naturaleza? ¿Mira usted la dificultad como una magnífica oportunidad para que Dios sea glorificado mientras Él ejerce su poder o refina su carácter?

El dolor lastima y es bueno llorar y ser sincero con sus sentimientos. A Dios le entristece el pecado, y a usted lo debería entristecer también. A menudo su camino de sanidad lo lleva a comprender lo que está detrás de sus emociones, así que para nada sirve ocultarlos.

EN CONCLUSIÓN:

La gracia y el amor lo hacen libre para que usted vea todas las cosas desde la perspectiva más grande del Creador del Universo. Si Dios es todopoderoso y todo amor, la cosa más extraña que se pueda imaginar puede ser transformada en una bella obra maestra que le da gozo en lugar de quitárselo. ¿Desea usted que Dios sea glorificado sobre todo? Mientras mayor sea la oscuridad, más vívidamente brillará su luz. ¿Lo puede ver? Si no, llámelo, y siga esa voz para encontrar una nueva perspectiva. Viva como una persona libre. No permita que la prisión que atrapa el mundo lo confine a usted otra vez.

HABLE CON DIOS:

Piense en estos atributos de Dios que no tienen límite: *invariable, amoroso, todopoderoso, sabio, justo, misericordioso, bueno, lleno de gracia*. Lea Filipenses 4:4-9 y pida a Dios que le ayude a entender más de Él y lo bueno que Él quiere que suceda en usted en medio de la pena y la confusión.

CAVE MÁS PROFUNDO:

Haga una lista de sus enemigos. Si esa es una palabra demasiado fuerte para usted, entonces haga una lista de las personas que le hacen daño a usted o a otros por los que usted se preocupa. Lea Lucas 6:20-2. Piense en la clase de cosas egoístas o dañinas que usted era capaz de hacer antes de que Cristo llegara a ser una realidad personal para usted. Escoja a alguien que es amable con usted y resuelva actuar como Cristo lo requiere. No se dé por vencido. Haga esto sin importar su respuesta. Con el tiempo, usted verá que su propia actitud hacia ellos cambia, y posiblemente aun la actitud de ellos hacia usted. Sea paciente. Esto puede tomar meses o años, pero realmente puede llegar a ser divertido.

Pregunta 21

"¿Cómo luce confiar en Dios?"

Es Dios quien nos ha hecho para este fin y nos ha dado su Espíritu como garantía de sus promesas. Por eso mantenemos siempre la confianza, aunque sabemos que mientras vivamos en este cuerpo estaremos alejados del Señor. Vivimos por fe, no por vista.

2 Corintios 5:5-7

Es asombrosa la fe que las personas tienen. Cualquier día de la semana, usted puede viajar a una gran ciudad que actualmente no está alguna clase de guerra y observa a miles de personas caminar por la calle actuando sin el temor de ser baleados, asaltados, o atacados por la espalda. Cada día millones de personas abordan aviones para volar largas distancias y conducen autos a través de autopistas atestadas sin pensar en una muerte inminente. Usted presiona un botón en un elevador o descuelga el teléfono sin pensar si funcionará.

Personas completamente extrañas para usted, son el componente crítico de sus experiencias cotidianas. Por numerosas razones confiamos en ellas. ¿Por qué?

Es imprudencia, ignorancia, engaño o conocimiento lo que lo conduce a confiar.

Si somos imprudentes, somos necios. No calculamos el costo, no reunimos suficiente conocimiento para tomar una decisión informada, o no nos importa el resultado. Los necios serán lastimados.

Podemos ser ignorantes de lo que requiere tomar una buena decisión y no formular las preguntas correctas, buscamos el consejo adecuado, o entendemos el proceso de volverse informado. El ignorante estará frustrado.

Podemos ser engañados acerca de la realidad de lo que es bueno y de más beneficio. Si recibimos información equivocada, pero seguimos un buen proceso, estaremos destinados a fallar. El engañado será decepcionado.

Las personas instruidas están informadas de la verdad reunida mediante un proceso sano de investigación, descubrimiento personal, consejo exterior y afirmación situacional. Ellas caminan con confianza en la vida en completa libertad dentro de los límites provistos por lo que ellos saben que es verdad. Las personas instruidas encuentran libertad para vivir a plenitud.

Todas estas declaraciones son verdad, pero hay más que se requiere de ellas –todos deben *escoger* confiar. Si usted escoge no decidir, aun así ha tomado una decisión. Si usted escoge no confiar, recogerá los resultados de esa elección, buenos o malos. Es tan importante no confiar en lo que está equivocado como lo es confiar en lo correcto. El camino para confiar en Dios es el conocimiento de Él, pero en esto hay un poco del dilema de la gallina y el huevo. La confianza engendra conocimiento y este a su vez engendra confianza.

Usted puede aprender a tomar decisiones informadas, inteligentes y bien aconsejadas, pero a veces Dios no parece tener lógica porque Él tiene planes que van más allá del conocimiento o la comprensión disponible. Si usted siente una dirección de parte de Dios mediante la oración y la lectura, ha buscado consejo de personas piadosas en quienes usted confía, y ha visto las circunstancias (o coincidencias) que lo llevan a creer que Dios puede estar trabajando, el siguiente paso es revisar sus motivos y el impacto de su resultado.

Usted debe determinar si está manipulando la situación en su mente o desea confiar en Dios completamente.

Para entender si lo que hace está basado en la fe o basado en usted, pregunte:

¿Quién recibe el reconocimiento?

¿Por qué lo hago?

¿Creció mi fe? ¿O se requerirá que crezca?

Si Dios es el que recibe el reconocimiento, y usted lo hizo porque desea que Dios sea honrado, y su comprensión y conocimiento de la verdad de Dios creció porque usted fue forzado a confiar en Dios para verlo realizado –entonces fue hecho en fe. Esta es confianza bíblica. Esta es la manera en que Jesús confió en Dios cuando enfrentó la muerte. Él no quería, aun llegó pedir ser librado de ella, pero Él confió que el plan de Dios era bueno a largo plazo. Confiar en Dios nunca se relaciona con que usted reciba honra, aunque ese resultado no está fuera de consideración. Esto es difícil de entender al principio.

La confianza tampoco tiene que ver con lo que las personas dicen y piensas, tiene que ver con lo que da paz dentro de su corazón –el "¿Por qué lo hago?" Piense en un deseo que usted tiene para el futuro. ¿Qué desea usted? ¿Está confiando en Dios en ello o confía en sus propias habilidades para que suceda? Otra manera de hacer esa pregunta puede ser "¿Estaré contento si nadie más aparte de Dios llega a saber de ésto?" La confianza es la certeza de que finalmente Dios está en control del proceso y del resultado. No se trata de ti –se trata de Él. A veces Dios nos pide que confiemos en maneras que van más allá de nuestra actual zona de seguridad. Puede que usted no tenga ningún punto de referencia de lo que Dios le pide que haga —allí es cuando usted tiene que depender de las verdades que conoce acerca de Él y de su carácter. Si usted depende de Dios para realizar cualquier cosa, entonces su fe crecerá, Dios será honrado, y lo que le suceda a usted y a su tarea se pone en perspectiva.

Confiar en Dios tiene que ver con el motivo al igual que con la fe. Usted puede creer que Dios es capaz, pero sigue impaciente; o puede desear hacerlo por su propio esfuerzo y a propósito escoge independencia. De cualquier manera usted debe preguntarse por qué. Hay ventajas en cada situación que enfrenta, hay algo en su fe que necesita ser fortalecido, algo a que renunciar, o algo que esperar para que le ayude a crecer en sorpresa y asombro.

EN CONCLUSIÓN:

Llegamos a un punto en nuestro conocimiento y experiencia donde hay poco riesgo envuelto en confiar. Es lo desconocido y no familiar lo que requiere un mayor grado de confianza. Con Dios, nunca hay un riesgo. Mientras más lo conoce y experimenta, más fácil será abrazar esa verdad. Hasta entonces, usted debe tomar la decisión de confiar en Él.

HABLE CON DIOS:

¿Has perdido la confianza en alguien en tu vida? ¿Rompieron ellos la confianza? ¿Qué hizo o qué hará falta para reconciliarse? Ahora dirija su atención a Dios y considere que en su perfecto amor Él nunca ha traicionado su confianza y nunca lo hará. Diga a Jesucristo lo que piensa acerca del gran deseo que Él tiene por mantener una relación personal con usted, libre de temores, llena de confianza y amor. Ahora, ¿puede usted confiar en que Dios le ayudará a reconciliar una relación difícil? ¿Permitirá usted ser humillado en el proceso y dar como Cristo dio por usted, sin esperar nada a cambio?

CAVE MÁS PROFUNDO:

Lea Romanos 4 y considere lo que Pablo dice acerca de la fe. ¿De dónde viene la fe? ¿Qué nos guía la fe a hacer? ¿Cuáles son los beneficios de la fe? ¿Por qué algunos no tienen fe? ¿Qué clase de fe tiene usted?

Pregunta 22

"¿Qué es pecado?"

Examíname, oh Dios, y sondea mi corazón; ponme a prueba
y sondea mis pensamientos. Fíjate si voy por mal camino,
y guíame por el camino eterno.

Salmo 139:23-24

Sé que ustedes anticipaban ávidamente esta sección del libro. Es uno de los grandes deseos de quienes serán personas piadosas —la lista de pecados a evitar. Afortunadamente para usted, su espera ha terminado. Para garantizar que usted será un buen cristiano, el mejor cristiano posible, he compilado una lista de todas las cosas que usted puede y las cosas que no puede hacer para asegurar que su vida siempre sea agradable a los ojos de Dios:

¡Buenas noticias! Usted puede bailar —pero como lo hizo David en el Antiguo Testamento (2 Sam. 6:14), no como lo hacen los programas de televisión. Ah, y nada de baile para la persona que tuvo experiencias negativas en bares antes de conocer a Cristo y que tiene malos recuerdos que pueden llevarla a pecar. Ella tal vez ni siquiera debiera mirar a otras personas bailar —es decir, hasta que sea más madura espiritualmente y haya tratado eficazmente con sus modelos de pecado. Bueno, ella puede ir al ballet. Eso es diferente; ella puede ver esa clase de baile. Tal vez no deba tocar a otra persona mientras baila… bueno, hasta que tenga sesenta y cinco años y jubilada y aprende baile de salón —porque no son sucios, aunque se toquen- y, bueno, ella está jubilada y es un gran ejercicio y divertido, y va a ser con su esposo. Sí, bailar con su esposo cuando son ancianos está bien, pero no antes. Bailar es sólo para los casados, viejos y decrépitos, o la bailarina profesional. ¿Está claro?

Bueno, eso cubre el baile, veamos ahora el Internet.

Usted puede navegar cualquier sitio en la Internet excepto sitios que promuevan o muestren desnudos, sexo, juegos de azar, profanidad o cualquier cosa detestable.

Bueno, excepto para las personas que tienen antecedentes con la pornografía en el Internet y no han tratado los asuntos detrás de ello. Esa persona no debería usar el Internet en absoluto o al menos no en privado. Pero puede hacerlo para su trabajo si no trabaja en su casa. Estaría bien si lo hace solo en su oficina durante el día, pero no durante la noche a solas en su oficina. Después de todo, él debe realizar su trabajo y no puede pagar para que alguien lo vigile todo el día. Eso sería horripilante. En cuanto a la persona que trabaja para un control legislativo mayor del contenido del Internet, él puede visitar esos sitios para investigar, así como las personas que crean filtros de sitios de Internet para acceso familiar porque proveen un gran servicio. Tales personas tal vez deban visitar ocasionalmente sitios reprensibles y eso estaría bien, supongo. Y en lo que respecta al desnudo, no sitios pornográficos, pero usted puede visitar sitios de la Internet y mirar fotografías de esculturas famosas de desnudos, pero sólo si lleva a cabo una investigación para un ensayo de la escuela o algo parecido, porque no veo otra razón para hacerlo… quiero decir, ¿en serio? Y estaría bien porque las fotografías o las esculturas no son personas de verdad, aunque fueron creadas a partir de modelos reales. Pero, vuelvo a insistir, las fotos no son personas reales, pero fueron tomadas de personas reales; y algunas fotos ciertamente son sexualmente sugestivas, pero las personas están completamente vestidas. Hummmm. Tal vez usted simplemente se debiera mantener completamente alejado del Internet.

Bueno, esas son las reglas para el Internet. Veamos ahora el consumo de bebidas alcohólicas —o mejor aun, ir a los bares. Eso es simple.

Bueno, bares: no vaya a ellos. A decir verdad, conozco varias iglesias que se reúnen en bares porque cierran los domingos y tienen gran equipo para los cultos y se localizan en los mismos vecindarios que las personas de la iglesia quieren alcanzar. Eso estaría bien, si es una reunión de la iglesia. Así que, tal vez sea mejor no ir a una cantina si están sirviendo bebidas alcohólicas, pero está bien si no lo hacen. Pero algunas iglesias, como el Vaticano, sirven vino para la santa cena, pero él es el Papa y tal vez usted sea sólo un turista, y, bueno, esta clase de bebida es demasiado controversial para discutirlo. Ah, bueno, y el alcohólico en recuperación —él no puede ir a una cantina en absoluto, aun si es una iglesia, porque el olor provoca. De hecho, tal vez ni siquiera deba caminar por la calle de la cantina, si él tiene una historia allí —a menos que haya superado con éxito esa provocación pecaminosa. Bueno, a veces podría estar bien si se sintiera fuerte, ya que es el camino más corto a casa, pero un día de debilidad, como cuando se siente deprimido o enojado, no debe caminar por esa calle. Pero usted puede. Eso estaría bien.

Creo que eso es todo. ¿Está todo claro? ¿Necesitamos hablar más del pecado? ¿Ha descifrado todo?

Ahora, vaya y no peque más.

Sí, claro. Eso no ayuda mucho, ¿verdad?El pecado debiera ser fácil de descifrar, pero no lo es. ¿Qué es correcto? ¿Qué está equivocado? ¿Es el pecado algo subjetivo? ¿Es mi pecado diferente al suyo? Tenemos los Diez Mandamientos, pero la posibilidad de que usted asesine a alguien, o necesitar una lista que le diga que eso es malo, es muy remota. Cualquier que necesita una lista que le diga que matar está mal probablemente ya está sentenciado a muerte en algún lugar.

Necesitamos una lista más larga, más detallada. Tal vez debamos crear una lista de 100, 1000 o 10000 mandamientos. Entonces, si podemos guardarlos, seríamos buenos cristianos y Dios estaría feliz con nosotros. Sabríamos lo que debemos hacer.

Eso es exactamente lo que sucedía durante el tiempo de Cristo en la tierra. Eso es exactamente lo que estaba mal durante el tiempo de Cristo en la tierra. Estos mismos instrumentos, estas listas de pecados, supuestamente designadas para acercar a las personas a Dios, crean una desviación de honrar a Dios.

Los líderes religiosos de ese tiempo, los fariseos y saduceos, valoraban las listas de pecados y acciones justas sobre todo y hacían de sus actitudes —no las de Dios- el objeto de aspiración. Ellos adoraban con tanta devoción *la lista* que completamente perdieron la gloria de Dios, aun cuando estaban frente a frente. Cristo se opuso a la lista y guió a otros a seguir su ejemplo; no sólo porque Él era Dios, sino porque también era hombre y deseaba mostrarnos cómo *escoger* con la influencia directa de Dios y no sólo seguir el ejemplo de otros hombres.

Cuando Cristo fue contra los deseos de los líderes religiosos, ellos lo acusaron de pecar. Por supuesto, ellos no aceptaban que Cristo, siendo Dios, no podía pecar. Muchos de estos supuestos actos de pecado realizados por el único hombre impecable que haya existido —pecados como sanar personas en los días equivocados, hablar a Dios en un tono familiar, tocar al enfermo, y no lavarse ceremonialmente antes de cenar —son las razones reales que lo pusieron en la cruz. Si él hubiera seguido la lista de alguien más sin cuestionar, no habría sido Dios, y no habría vivido como Dios quiere que un hombre viva.

Usted puede ver el tiempo de Cristo como extremo, ¿pero no estamos actuando con frecuencia como tales líderes religiosos? Si mira lo suficientemente cerca, puede verse a sí mismo o las organizaciones e individuos que usted respeta en su reflejo, sin importar sus buenas intenciones. Tendemos a pensar en el pecado como algo malo que hacemos, pero también pecamos cuando conocemos lo recto y decidimos no hacerlo. El pecado nos separa de Dios y de sus intenciones para nuestra vida.

Dios no sólo desea que actuemos propiamente de acuerdo a algún criterio predeterminado para la vida diaria. Ninguna lista será suficiente. Nunca se puede seguir una lista. Dios desea que pensemos, que conozcamos y escojamos como Él a partir de un corazón cambiado y la inspiración de su Espíritu. Aunque hubo absolutos de los que Cristo nunca se desvió –y nosotros tampoco debemos hacerlo- abundaron las áreas grises, tal como hoy. Cristo miró cada situación y tomó la decisión más perfecta y apropiada del momento.

EN CONCLUSIÓN:

Sólo la definición que Dios da del pecado importa. Él puede dar el poder para resistir el pecado y tiene el poder para perdonar el pecado. Así que tiene sentido ir a la fuente por una respuesta a la cuestión del pecado. ¿Cómo puede usted tener acceso a esta fuente? Primero, lea la Biblia. Dios tiene mucho que decir sobre el pecado en ella. Segundo, dependa del Espíritu Santo dentro de usted para enseñarle acerca del pecado. La pregunta frente a usted es: "¿Cómo entiendo qué es pecado?"

HABLE CON DIOS:

Siéntese frente al espejo y póngase cómodo en caso de que pase un largo tiempo allí. Véase a sí mismo. ¿Qué mira? Esta vez no se apresure. Tómelo con seriedad. ¿Qué emociones comienzan a brotar mientras usted se mira fijamente? ¿Quién es usted? ¿Es verdad? ¿Define su identidad por los errores, éxitos, apariencia o emociones? Pregunte a Dios cómo lo mira Él. Déle gracias por librarlos del impacto eterno de su propio pecado, y pídale que le revele lo que hay en usted que lo lleva a continuar pecando. Ahora pida su ayuda para identificar y ser protegido de los pasos que conducen al pecado.

CAVE MÁS PROFUNDO:

Lea Santiago 4:17 y piense en algo que usted sabe que debe hacer pero no lo hace. ¿Está confiando en Dios en ello, o no lo involucra? ¿Quiere ser libre de ello o está confiando que el pecado le provea alguna forma de aparente libertad? ¿Qué es mentira para usted? ¿Qué es verdad? ¿Qué dice la Biblia? ¿Qué dice Dios que quiere hacer por usted? ¿Cuál es su siguiente paso?

Pregunta 23

"¿Cuándo comienza el pecado?"

*Hijo mío, pon atención a mi sabiduría y presta oído a mi buen juicio,
para que al hablar mantengas la discreción y retengas el conocimiento. De
los labios de la adúltera fluye miel; su lengua es más suave que el aceite.
Pero al fin resulta más amarga que la hiel y más cortante que una espada
de dos filos… Aléjate de la adúltera; no te acerques
a la puerta de su casa.*

Proverbios 5:1-4, 8

Maureen estaba de regreso después de dieciséis años, pero ésta distaba mucho de ser una reunión feliz para cualquiera de las dos partes. Maureen, una alcohólica, caminaba a través de las puertas del mismo edificio de rehabilitación que la había ayudado a corregirse hacía mucho tiempo. El hoyo en su estómago comenzó a bullir. Esta era su primera recaída. La vida le había lanzado varias curvas el año anterior, y esta vez ella fue incapaz de resistir. No fue que estas dificultades hubiesen sido considerablemente más dolorosas que los años anteriores cuando ella pudo mantenerse sobria; fue sólo que ellas ocurrieron cuando sus defensas estaban bajas y su fuerza limitada. Para escuchar decirlo a ella, con una nueva visión retrospectiva aclarada, ella era más susceptible a la provocación del pecado porque lo había estado cortejando durante un año.

Como alcohólica, Maureen sabía que beber alcohol aun en la más mínima cantidad no era una opción, pero después de un tiempo ella no vio el daño en gratificaciones secundarias. Después de más de una década limpia, ella deseaba sentir una copa de champaña o el sabor de una cerveza. Ella no vio el daño en disfrutar una espumosa sidra de manzana en un largo vaso de cristal o una bebida no alcohólica en una jarra congelada. Por meses, esto proporcionó un momento de distracción ocasional, pero pronto ella comenzó a anticipar llegar a casa para relajarse con una "casi cerveza" durante las noticias de la noche. De hecho, ella comenzó a pensar en la jarra congelada durante el almuerzo. Todavía asistiendo fielmente a las reuniones de AA, ella se sintió insensible a cruzar completamente la línea de la sobriedad. Ella tenía mucho que perder. Dieciséis años sobria, tres hijos, y un amoroso esposo parecían motivos suficientes para que ella mantuviera una vida sin beber.

Eso fue así, hasta que esas curvas llegaron rápidas y furiosas y el pensamiento de un escape, aunque fuera temporal, se volvió bastante atractivo. Una bebida no alcohólica se volvió tres, tres llegaron a ser una cerveza de verdad, una cerveza se volvió doce. Un día, ella despertó en un pozo de desesperación y disgusto en un banco después de una parranda en la cantina del aeropuerto, su coma temporal hizo que ella perdiera el vuelo al centro de rehabilitación. Como si el ser forzada por su esposo a que regresara a la rehabilitación no fuera una vergüenza suficiente, ahora tenía que informarle que, en un estupor de embriaguez, ella había perdido su vuelo de conexión.

Maureen sabía perfectamente que beber alcohol era un pecado para ella. Hasta ese momento, ella no se había percatado del alcance de ese pecado. Ahora se daba cuenta, un poco tarde, que pecado para una alcohólica comenzaba mucho antes de que el alcohol pasara por sus labios.

El pecado es así: uno conduce a otro, y a otro. Se parece mucho a una pequeña grieta en una represa. Al principio no hay de qué preocuparse, pero la presión creada por la fuerza acumulada detrás de ese pequeño punto de escape comienza a alargar esa grieta. El pecado es insaciable. Cuando huele libertad, sólo una pequeña grieta de luz para salir a hurtadillas, traba una palanca en el hoyo e invita a sus amigos —sus amigos más grandes, los que no caben en el pequeño hoyo pero son lo suficientemente grandes para hacer un agujero donde puede pasar de pie.

Una vez escogí dar una vuelta por la ruta del "inocente" pecado y me encontré en un auto veloz en una carretera interestatal de 16 carriles antes de saber lo que había pasado. Ahora sé que hay tres cosas que usted debe descubrir acerca de su pecado antes de vencerlo.

¿Qué necesidad está usted tratando de satisfacer por su cuenta fuera de la confianza en Dios?

¿Qué provoca esta necesidad?

¿Cómo puede confiar que Dios sane esa necesidad y le proteja en el proceso?

Las cosas que lo incitan a pecar son las que debe evitar. Si se concentra en evitar el pecado, usted está demasiado tarde. ¿Qué lo hace pecar? ¿Qué hay dentro de usted que pide algo dañino? ¿Qué no cree acerca de Dios y su habilidad para satisfacer? ¿Qué ven las demás personas en usted que usted tiene problemas para reconocer? ¿Qué no les permite ver?

El pecado comienza en la mente antes de que pase a ser una acción. Usualmente usted no piensa hacerse daño o a otros o contristar a Dios, pero ese es el resultado de pecar. Usted necesita examinar sus opciones: ¿Es benéfica esa pequeña decisión que a veces lo lleva a pecar? ¿Esa elección, esa pequeña cosa, le ayuda a entender mejor a Dios? ¿Desea darle gracias a Dios por la experiencia en medio de ello, o preferiría no pensar acerca de Dios?

EN CONCLUSIÓN:

Usted no tiene que convertirse en un mojigato, pero debe estar plenamente consciente de qué lo empuja, qué lo compele, y dónde necesita sanidad. Niegue esta realidad y seguramente vivirá desesperado y con culpa. Abra esas puertas, ventile esas habitaciones, y traiga a ellas la luz del Hijo, y usted puede vivir en libertad y gozo.

HABLE CON DIOS:

Ahora es el tiempo de confesión. Diga a Dios algo secreto. Confiese una emoción, acción o deseo que a usted le avergüence. Pida libertad para eso y por un gran deseo de pureza. Pida ayuda para encontrar mayor placer en el conocimiento de Dios y en confiar en Él más que en cumplir sus deseos a su manera.

CAVE MÁS PROFUNDO:

Lea Proverbios 5 y piense en cuáles "trampas" existen en su vida y cómo evitarlos. Hable con un amigo y compartan sus "trampas" y hablen cómo pueden ayudarse entre sí.

"¿QUIÉN ES SATANÁS Y POR QUÉ DEBO PREOCUPARME?"

En otro tiempo ustedes estaban muertos en sus transgresiones y pecados, en los cuales andaban conforme a los poderes de este mundo. Se conducían según el que gobierna las tinieblas, según el espíritu que ahora ejerce su poder en los que viven en la desobediencia.

Efesios 2:1-2

"El diablo me obligó a hacerlo."

Todos hemos escuchado esa ocurrencia dicha sarcásticamente para justificar una indiscreción menor y desviar responsabilidad, pero realmente no lo creemos, ¿o sí? Digo, ¿Cree honestamente que hay un montón de demonios corriendo alrededor susurrando a su oído tratando de alejarlo de las manos de Dios? Los adultos son demasiado maduros para eso, ¿no cree usted? Es absurdo creer en un ser que no puede ver, que tiene intenciones y planes para su vida, y que quiere orillarlo a vivir de cierta manera para beneficio de él. Eso sencillamente es ridículo. ¿Dice usted que cree en Dios? ¿Por qué estamos dispuestos a aceptar la idea de Dios, quien es espíritu e invisible, pero no su opuesto? ¿Por qué es más fácil creer que sólo hay fuerzas buenas en el mundo espiritual que nos influencian?

Cualquier bien que Dios desee que usted experimente, una lucha sobreviene para llevarlo allí. En el libro de Apocalipsis al final de la Biblia, el libro que describe el fin del tiempo del género humano en la tierra, Satanás es descrito como un espantoso dragón rojo aguardando para devorar. Hay mucho que estudiar acerca de este antiguo ángel que cayó de la gracia de Dios y llevó consigo una tercera parte de los ángeles de Dios —este ángel caído se dedica siempre a gobernar sobre la tierra y a combatir contra Dios hasta que Cristo tome completamente el control. Nada de ese conocimiento importa al final del día a menos que usted entienda una cosa en lo profundo de su alma: el asunto que más importa es que usted crea que Satanás existe y que él quiere destruir su relación con Dios.

Si usted cree en Dios y en la necesidad de tener a Cristo en su vida con su Espíritu gobernando su corazón, usted debe creer en un espíritu opuesto que está en combate constante por la misma propiedad. Si usted no cree eso, nada tiene sentido en realidad. No tendría sentido por qué Dios nos crearía perfectos, pero con libre albedrío para rechazarlo (¿por qué, entonces, escogeríamos rechazarlo?) No tendría sentido el porqué necesitamos un salvador en absoluto si no hay influencia maligna que nos separa de Dios.

Crea. Confie. Y entienda que él no llegó muy lejos. En realidad, él está enojado por haber sido echado de su corazón y quiere regresar. Satanás puede estar fuera del lugar que Cristo ha hecho su hogar, pero usted todavía lo puede escuchar en la calle. Él toca la puerta y le pide dejar la seguridad de su lugar y unirse con él. Él seduce con aromas y sonidos de las calles. Él conduce sus mensajes a su corazón electrónicamente y le envía sus invitaciones diariamente. Él intenta infiltrar el hogar de Cristo —su corazón- con cualquier herramienta a su disposición. La de él es un combate de mentiras, pero él no publicita su identidad. En realidad, él preferiría que usted ni siquiera crea que él exista.

Piense en ello. ¿Qué haría usted si estuviera en sus zapatos? ¿Qué haría si la persona a la que usted quiere influenciar sabe perfectamente bien que usted es malvado, y que usted no sólo quiere que lo acepten, sino aun que confíen completamente en usted —en realidad, que lo adoren? ¿Qué haría si su adversario fuera todopoderoso, todo bondad, amor, completamente sincero, y en todos sentidos su enemigo? ¿Qué estrategias usaría para lograr sus objetivos?

Un acercamiento directo funcionaría sólo con aquellos que están enojados con Dios, así que usted sólo podría revelar sus intenciones e identidad a un puñado de personas. Para aquellos que realmente no creían en Dios o en Jesús, usted fácilmente podría hacer un impacto siendo completamente invisible y sólo dándoles lo que quieren. Después de todo, una vez que el hombre (es decir, Adán) se alejó de Dios, todos nacimos con un corazón pecaminoso.

Obtuve un cuadro triste pero revelador de la naturaleza pecaminosa del hombre de mi sobrino cuando tenía menos de dos años. Con un vocabulario de unas pocas palabras, él tenía una comprensión de "no" más que la mayoría y la usaba con bastante frecuencia. Un día su madre lo instruyó específicamente que no hiciera algo mientras ella salía fuera de la habitación. Yo estaba sentado en la habitación mientras él lo pensaba, tomó una decisión y desobedeció. Pocos minutos más tarde, su madre lo confrontó y le preguntó si lo había hecho.

Observé mientras él pensaba en el dilema en que ahora se encontraba. Él tenía que tomar una decisión, y mintió —consciente y deliberadamente, mintió. Él no mintió porque no había sido educado correctamente; él no mintió por causa de influencias sociales. Él escogió en su corazón hacer lo malo.

Lo que me llevó a Cristo fue un deseo de cambiar en mi corazón, de perdón de todas las cosas malas que había hecho, pero realmente no sabía cómo eso impactaría mi futuro. Ahora sé que con demasiada frecuencia todavía puedo escoger hacer lo malo. No importa lo mucho que quiero hacer lo correcto. Cada vez me enfrento con el peso de una decisión. Lo mismo usted. Todos nacen con la misma naturaleza pecaminosa, rebelde que mi sobrino demostró –¡todos! Si usted ha aceptado a Cristo, ya no es la misma persona, pero tal vez todavía haga muchas de las mismas cosas que antes hacía. Lo que sucedió es que su señor, el rey a quien usted está sometido, ha cambiado. Ahora Cristo llena ese papel, así que ahora usted toma su identidad. El maligno, sin embargo, no ha sido eliminado. Dios y Satanás todavía existen en la vida de usted –como siempre ha sido. La diferencia es que han cambiado de posición. Satanás ya no está en el papel principal, merodea por fuera, buscando cualquier oportunidad para recuperar influencia.

Piense en un viaje por Europa durante la Edad Media. En cualquier territorio que usted viviera, estaba sujeto al señor de esa tierra. Cuando Satanás fue arrojado del cielo, se convirtió en el señor de este mundo. Mientras usted viva en su tierra, Satanás tiene influencia sobre usted. Entonces Cristo entró en escena. Él tomó por asalto las puertas y destituyó al señor de este mundo. Ahora Él le invita a que se una para organizar una rebelión en contra del señor que ocupa la tierra. Usted tomó la decisión de que quería un nuevo señor y confió en que ser súbdito de Jesucristo era la decisión correcta.

Jesús tomó posesión, pero no destruyó a Satanás –Él lo desterró. Así que, cuando Satanás entra a la tierra, él es un ilegal. Él desafía a Jesús en cada oportunidad. Él está airado y desea minar la autoridad de Jesús. Él le invita a unirse a su rebelión, pero cuando usted se rehúsa, se convierte también en enemigo de él.

Así que, Satanás ronda en las sombras de la tierra, atacando viajeros confiados: buenos amigos, que desean hacer lo correcto, pero con frecuencia se encuentran en el lugar equivocado a la hora equivocada. A veces son atraídos lejos de la seguridad de su verdadero Señor, de las calles iluminadas y de la autoridad protectora que Él proporciona, y van a parar a un callejón oscuro. A veces, voluntariamente escogen volver a los caminos que habían conocido durante tantos años. El pasado es más familiar y cómodo que la vida nueva, y en el momento que empiezan a pensar de esa manera, el antiguo y malvado señor les susurra mentiras para afirmarlos desde atrás de la máscara que oculta su verdadera identidad.

Esta es una batalla perpetua hasta que muramos. Si usted decide negar la existencia de la batalla o sus combatientes, usted deambulará sin preocuparse por su seguridad. Usted estará descuidado y perderá la batalla. Y, si usted decide pelear la batalla por su cuenta, será derrotado. Perderá, aun con sus mejores intenciones.

EN CONCLUSIÓN:

Debe recordar que tiene un Señor quien gobierna en su corazón y se ha comprometido a protegerlo de los intrusos para que usted pueda vivir en paz. La batalla no es suya. Usted debe identificar al enemigo, vivir consciente de sus planes, y armarse en contra de él. Luego confíe que su Señor ganará la batalla. Esta es una decisión. Es la decisión que tomará cada día de su vida.

HABLE CON DIOS:

Dé gracias a Jesucristo por ser el Señor de su corazón. Pídale discernimiento para decidir bien hoy y sensibilidad para entender cuáles urgencias y direcciones proceden de Él y cuáles son en contra de Él. Pida a Dios que bloquee el poder de Satanás en su vida cuando usted es tentado —en el momento que ocurre.

CAVE MÁS PROFUNDO:

Busque una brisa dentro o fuera. ¿Qué mira usted? ¿Cómo sabe que el viento se mueve? Piense ahora en el mundo espiritual. Vea Efesios 6:10-12. ¿Cómo puede usted reconocer los movimientos de Satanás? ¿Cómo reconoce que Dios se mueve en su vida?

Pregunta 25

"¿Debo ser bautizado?"

Un día Jesús fue de Galilea al Jordán para que Juan lo bautizara. Pero Juan trató de disuadirlo. —Yo soy el que necesita ser bautizado por ti, ¿y tú vienes a mí? —objetó. —Dejémoslo así por ahora, pues nos conviene cumplir con lo que es justo —le contestó Jesús.

Mateo 3:13-15

Inmersión, aspersión, bautismo infantil, bla, bla, bla…

Gran cantidad de personas religiosas discuten asuntos como el bautismo y la manera correcta o la manera incorrecta de hacer esto o aquello, pero creo que no comprenden. El asunto no es cómo, cuándo, e incluso no tanto por qué —sino por qué no.

Hemos hablado acerca del propósito por el cual usted, y toda la humanidad, fue creado: para estar en una relación sana con Dios, que requiere un conocimiento siempre creciente de Él. Así que, si ese es el objetivo de la vida, las preguntas como el bautismo se vuelven bastante simples.

¿Por qué no ser bautizado? Cristo lo fue. Cristo era un adulto y totalmente sin pecado, aun así decidió ser bautizado en presencia de otros creyentes. Él se estaba identificando con el pecado de todas las personas y humillándose ante Dios. Estaba en total contraste con los orgullosos líderes religiosos de ese tiempo. Cristo decidió demostrar su compromiso con Dios y Dios decidió revelarse mediante esa experiencia. Los cielos se abrieron, el Espíritu Santo descendió como una paloma y se posó sobre el hombro de Cristo, y la multitud escuchó a Dios decir: "Este es mi hijo amado; estoy muy complacido con él"

¡Increíble! Eso debió ser fenomenal.

Mi bautismo fue más o menos como ese, paloma y voz audible. Pero era multimedia, mientras leía una carta que revelaba mi oscuro corazón antes de conocer a Cristo y luego se tocó una cinta del momento después de que acepté a Cristo cuando dejé el mensaje con la gran noticia en la contestadota de Susan (dos veces… me colgó una vez). Decidí sumergirme en el agua y ser cubierto completamente. ¿Fue la manera "correcta" de hacerlo? No tenía ni idea. Todo lo que sabía en ese tiempo era que yo quería conocer más a Dios, y cualquier cosa, CUALQUIER COSA que me permitiera una vislumbre a la experiencia de Cristo saltaba al primer puesto de la lista.

Dios decidió revelárseme ese día de manera bastante similar al día cuando Cristo fue bautizado. Otras personas escucharon mi historia, vieron mi gozo al declarar públicamente mi compromiso con Cristo, y fueron cambiadas. Una mujer oró para recibir a Cristo ese día. Otra decidió ser bautizada. Dios estaba allí. Dios habló a la multitud y me habló a mí. Ninguno de nosotros volvió a ser el mismo desde ese día en adelante. No había dudas en mi mente de que Dios se había agradado de mí ese día, y no hubo duda en la congregación de que yo estaba contento con Dios.

EN CONCLUSIÓN:

Muchas personas no están de acuerdo sobre los detalles del bautismo, pero no se quede atrapado allí. Lo que necesita hacer es formularse estas dos preguntas:

¿Es mi fe suficientemente real para querer declararla públicamente?

¿Quiero experimentar algo que Cristo experimentó?

Si es así, entonces, ¿qué está usted esperando?

HABLE CON DIOS:

Dé gracias a Dios por venir a la tierra en forma de un hombre, Jesucristo, para mostrarnos el camino a la rectitud y a la libertad del pecado. Diríjase a Dios con un nombre muy personal como papá, papi o papaíto. ¿Se siente extraño? Pida que Dios le dé oportunidades para experimentar más de Él y entender mejor su corazón y pasiones.

CAVE MÁS PROFUNDO:

Hable con su iglesia —o con alguien en quien pueda confiar- y pregunte por los requisitos para el bautismo. Si tienen un curso, tómelo. Si requieren que usted hable con el pastor u otro líder, siéntese y charle con él. No tiene que tomar una decisión en este momento, pero debe entender por qué ser bautizado o por qué no serlo. Si existe una verdadera barrera para sentirse completamente libre para hacer una declaración pública de su fe, usted debe dar prioridad poder resolverla.

"¿Es mi camino único?"

Pido que el Dios de nuestro Señor Jesucristo, el Padre glorioso, les dé el Espíritu de sabiduría y de revelación, para que lo conozcan mejor. Pido también que les sean iluminados los ojos del corazón para que sepan a qué esperanza él los ha llamado, cuál es la riqueza de su gloriosa herencia entre los santos, y cuán incomparable es la grandeza de su poder a favor de los que creemos. Ese poder es la fuerza grandiosa y eficaz.

Efesios 1:17-19

"Yo no quiero volverme aburrido. ¿Es eso lo que se requiere? ¿Quitará Dios mi pasión y insulso?"

Ginny era una persona emocionante, apasionada, inteligente y graciosa que estaba despierta en todos los sentidos. Ella se aceptaba a sí misma y tenía una saludable visión de la vida, pero no veía la misma alegría e ilimitada energía en otros creyentes. Por difícil que parezca ella pensó que vivía equivocada, pero no le gustó la idea de ser alguien diferente —alguien que ella no era. ¿Era ese el camino hacia la madurez? Ella deseaba desesperadamente crecer en la semejanza de Cristo, llegar a ser la mujer que Él deseaba que ella fuera; pero la idea de pasividad y quietud que veía en otros le parecía demasiada carga. No que estuviera mal; sólo que para ella estaba mal.

¿Había sólo un camino hacia la madurez espiritual? ¿Cuál era su responsabilidad en este camino? ¿Era cambiar ella y su apariencia externa y hacer lo que otros hacían o había algo más? Ginny sintió que Dios quería algo más para ella, pero todavía no había desarrollado un oído para oír su voz. Ella tenía muchas preguntas durante los primeros meses de seguir a Cristo, y tendría muchas más en los años que vendrían. A la fecha, ella dependía de las interpretaciones de otros para la dirección de Dios, pero ocasionalmente se sentía incómoda y posiblemente fuera de la voluntad de Dios para seguir su consejo. Era hora de que ella saliera de las sombras de sus maestros y aprendiera a hablar con Dios por sí misma, pero eso le daba miedo. Ellos sabían mucho más que ella. ¿Cómo podía tomar esta decisión ella sola?

Un día, una confidente íntima y maestra hizo algo muy sabio —ella dejó de responder a las preguntas de Ginny. Ella sintió que Ginny entendía suficiente acerca de los deseos y el carácter de Dios y había hallado la verdad en la Biblia, así que ella comenzó a retirarse del papel de autoridad en que Ginny la había colocado y comenzó a dirigir a Ginny hacia Dios. Cada vez que Ginny preguntaba que hacer o cómo actuar, la amiga le preguntaba lo que ella pensaba que Dios diría al respecto; y entonces no ofrecía una opinión. Esta líder sabia le enseñó a discernir la voz de Dios a través de las Escrituras, las circunstancias y el consejo, pero nunca depender sólo de uno, y siempre comenzar con Dios. Ginny aprendió que ella tenía la responsabilidad primordial de navegar su sendero y el hecho de que ella necesitaba hacerlo bien era lo más importante que podía aprender de ella misma.

Usted sólo puede descubrir lo que significa la madurez para usted mediante la búsqueda activa del carácter de Dios, guiado por su Espíritu, y mediante la verdad bíblica y el sabio consejo de quienes le conocen. Busque consejo de líderes sabios, pero valore el discernimiento personal dirigido por el Espíritu sobre todo en su interminable búsqueda de la verdad. Después de todo, la médula del cristianismo tiene que ver con su relación con Dios. Usted es la hermosa esposa y Cristo es el esposo adorable. Nadie debe entrometerse en esa unión o tener una posición de mayor autoridad que el total compromiso de esa relación.

Si toma tiempo para pensar en esto, en realidad, da más libertad que miedo saber que USTED tiene responsabilidades en su búsqueda de madurez espiritual y emocional. Significa que la vida de un cristiano tiene que ver con descubrimiento personal, iluminación, y crecimiento personal. No significa que, puesto que el Dios que adoramos ha sido conocido por siempre y el libro que estudiamos tiene siglos de antigüedad, las respuestas de su vida están definidas de antemano. El Espíritu de Dios y la Palabra son provistos para ayudarlo a encontrar su camino particular, su propósito único. Dios ya lo sabe, pero no se lo dice; bueno, al menos no todas a la vez.

EN CONCLUSIÓN:

A través del estudio, la oración, el consejo y la experiencia personal, su imagen de Dios puede llegar a ser más clara cada día —por tanto, la comprensión de usted mismo y de los demás crecerá. Eso es precisamente lo que lleva a un cambio duradero de corazón. ¿Acaso no es emocionante saber que su vida está diseñada para ser completamente singular y plena de gozosa aventura? Sea usted mismo. Sea Jesucristo en USTED.

HABLE CON DIOS:

Piensa en la mayor cantidad de cosas que pueda que son plenas pero perfectamente únicas (por ejemplo, mariposas, huellas digitales, puestas de sol, ojos, estrellas). Ahora piense en la gran cantidad de personas que usted conoce y en lo diferente que son, pero cómo también tienen semejanzas. Dé gracias a Dios por todas las cosas que son diferentes en usted. Alábelo por su sabiduría al hacerlo como es y conducirlo por un camino único.

CAVE MÁS PROFUNDO:

Lea los primeros capítulos de Génesis y encierre en un círculo cada vez que Dios piensa en su creación. ¿Qué es igual sobre usted y Dios? ¿Qué es diferente sobre usted y otras personas que usted conoce? ¿Qué opina Dios de su creación? ¿Fue un error la singularidad de usted? ¿Es lógico que el Creador de los cielos y la tierra y todo lo que en ellos cometa errores? ¿Cuál es su opinión de lo que Dios quiere que usted busque? ¿Cómo puede Él ayudarlo a hacer eso?

"¿ES EL CAMINO DE DIOS ILÓGICO?"

Pongan en práctica mis estatutos y observen mis preceptos y habitarán seguros en la tierra. La tierra dará su fruto, y comerán hasta saciarse, y allí vivirán seguros.

Levítico 25:18-19

Mis ovejas oyen mi voz; yo las conozco y ellas me siguen.

Juan 10:27

Me gustan las montañas y he pasado incontables días acampando solo o en grupos pequeños, pero mi primera excursión en el desierto fue una experiencia totalmente diferente. Afortunadamente, mi amigo Jeff tenía bastante experiencia y era aficionado a la navegación. Después de varios días de ser guiado a lo largo de una ruta de circuito sin caminos marcados, pasando la mayor parte del tiempo metidos hasta las rodillas en un río porque la maleza era muy espesa, abruptamente arribamos al límite de un gran desierto en medio del Parque Nacional Grand Stair-case al sur de Utah. Este no es desierto plano como en las películas, sino más bien interminables montículos ondulas de roca sólida rodeados por arena y matorrales dispersos. Era agradable estar a campo abierto.

A kilómetros de distancia, pudimos ver la silueta del precipicio donde dejamos nuestro auto los días anteriores. Parece fácil llegar allí, pensé, más fácil que caminar por la montaña pues podíamos ver el destino. No había posibilidad de perderse, así que con valor comencé a caminar en línea recta, soñando en una pizza caliente, ropa limpia y una larga ducha con agua caliente.

Jeff, el que tenía experiencia y que había caminado este terreno antes, no se movió. Él estaba ocupado estudiando su mapa topográfico. *Qué tonto, pensé, vamos directo hacia allá.* Si no lo hubiera conocido bien habría pensado que él se estaba convirtiendo en uno de esos campistas perfeccionistas que deben hacer todo según las reglas, haciendo a un lado la diversión y la lógica por la perfección. Yo lo conocía mejor. Jeff no era esa clase de persona. Él era lo más despreocupado que podía ser, pero también hacía todo con un propósito. Me di cuenta que Jeff debía de saber algo que yo no sabía, así que me detuve, volteé a mi alrededor, y esperé su sabia experiencia.

Él me mostró el lugar donde nos encontrábamos y señaló hacia dónde nos dirigíamos —hacia el oeste. El auto estaba hacia el sur. Después de varios cientos de metros de ir al oeste, nos dirigimos hacia el sur, luego al este, al sur, al oeste, de nuevo al sur, y así sucesivamente. Cruzamos en zigzag este desierto durante la mayor parte del día, pero después de nuestra primera vuelta, supe por qué.

Ocasionalmente, probamos varios atajos y tomamos el camino obvio, pero después de unos pocos ascensos, nos dimos cuenta que el camino inteligente, el otro, era mucho menos costoso. Pronto llegamos a tener bastante confianza para dar el mejor paso siguiente, buscando dirección del mapa y el compás para asegurarnos que avanzábamos en la dirección correcta, y evitar los continuos altibajos. Cambiamos como un velero en un fuerte viento y sacamos provecho de nuestro entorno.

Viajar por el camino obvio y recto era la ruta difícil. Estaba llena de subidas y bajadas: escalar, descender, escalar, descender, vez tras vez. El camino que escogimos nos permitió conservar nuestra meta final en su lugar al mantenernos en lugares elevados tanto como fuera posible, descendiendo sólo cuando no había otro camino. Al final, dedujimos que el curso tortuoso que habíamos escogido nos ahorró alrededor del 20 por ciento en pasos, probablemente dos horas de caminata, y considerable energía. (Esto me llevó a un pedazo de pizza mucho más pronto.)

Tal vez hubiera podido cruzar el desierto sin morir, si hubiera juzgado bien el esfuerzo, comprado agua adecuada y evitado los pequeños pero peligrosos bichos. Al confiar en mi amigo que tenía más experiencia y seguirlo hizo que mi camino no solamente fuera posible sino también placentero. De no haber seguido su dirección, con seguridad hubiera experimentado mayor dificultad, peligro y tal vez el temor ocasional.

De la misma manera, el camino que Dios tiene para usted tal vez no siempre sea obvio. Cuando no lo es, Él proporcionará un guía, un mapa y un compás. Dios no sigue la lógica que usted conoce. Dios tiene perfecta sabiduría, lo que significa que Él ha escogido el destino perfecto y el mejor camino. ¿Es el más corto? La mayor parte del tiempo no lo es, porque el destino no es el único objetivo. El verdadero objetivo es lo que cambia en usted a lo largo del camino, lo cual depende de lo que usted permita aprender de Dios y de usted mismo a medida que viaja. Si su meta principal es arribar a un lugar particular, por algo en particular, o en un tiempo en particular, usted se sentirá decepcionado. Dios está para acompañarlo en el viaje —y en el cambio en su corazón que el viaje ocasionará.

EN CONCLUSIÓN:

¿Confía usted en la sabiduría de Dios? ¿Permitirá que Él dirija su camino de manera ilógica y tendrá la confianza que usted es mejor apagado? Usted debe hacerlo, o vivirá una vida de constante desengaño. ¿En verdad quiere seguir a un dios que no es más inteligente que usted? ¿Puede confiar en un Dios que no puede ver más allá de donde usted ve? Si no entiende el final del camino o ningún paso más del siguiente, usted se encuentra en un lugar maravilloso para crecer en su madurez espiritual. Disfrute el andar, beba en el paisaje, escuche la voz de quien tiene el compás y siga sus indicaciones, y usted arribará descansado y lleno de alegría.

HABLE CON DIOS:

Piense en quién confía usted y por qué. Alabe a Dios por su sabiduría y bondad que excede toda sabiduría y bondad humanas. Pida a su Padre Santo que le ayude a crecer en confianza y fe.

CAVE MÁS PROFUNDO:

Lea el Salmo 111. Piense en las partes de este Salmo que usted puede creer en su vida y en las partes que no. Hable con otro creyente acerca de sus descubrimientos.

Pregunta 28

"¿Qué es 'comunión'?"

Preocupémonos los unos por los otros, a fin de estimularnos al amor y a las buenas obras. No dejemos de congregarnos, como acostumbran hacerlo algunos, sino animémonos unos a otros, y con mayor razón ahora que vemos que aquel día se acerca.

Hebreos 10:24-25

Yo no conocía a estas personas y ellas no tenían ni idea de quién era yo; pero allí estaba yo sentado en medio de la habitación con unas veinte personas totalmente desconocidas que oraban por mí. La mayoría de ellos ni siquiera hablaba mi idioma. Yo era un extranjero, un extraño en tierra ajena, rodeado por personas con quienes casi no tenía nada en común. ¿Por qué se preocuparon tanto por un extraño y por qué valoré tanto lo que ellos hicieron? ¿Por qué me impactó tan profundamente al punto que lloré? ¿Podía ser que yo estaba hecho para esto? ¿Podía ser que este vínculo común del Espíritu de Cristo es verdadero en todas partes, entre todas las personas en su familia?

Comunión –qué gran palabra. ¿Dónde aparte de la iglesia alguna vez escucha usted esta palabra? Es parte de la "jerga cristiana" oficial que se usa tanto dentro de esos círculos que con el tiempo empieza a parecer normal. Es un concepto extraño para la persona promedio que no asiste a la iglesia que tal vez usted debiera evitar mencionarla a cualquiera que no sea un cristiano declarado o corre el riesgo de ser catalogado como un loco religioso antes de que ellos lleguen a conocerlo de verdad. Francamente, nunca usa la palabra, pero no me molesta cuando otros lo hacen.

Esta es la palabra que los cristianos usan para describir la esencia de la experiencia de estar en una comunidad de camaradas seguidores de Cristo. Aunque la palabra pueda parecer extraña al principio, la experiencia es algo que usted cada vez llega a apreciar más. Hay algo poderoso que ocurre cuando dos o más personas se reúnen con el propósito de animarse y honrar a Dios.

Esto es algo raro fuera de la iglesia, lo cual explica por qué la palabra es tan infrecuente en la conversación regular. Cualquier buen amigo puede consolarlo cuando usted sufre o le ofrece consejo cuando tiene preguntas, pero esos amigos escasean en el mundo normal. ¿Puede usted imaginarse asistir a una reunión donde todos le son extraños en un país extranjero y sentirse perfectamente en casa? ¿Es difícil imaginar siquiera estar en un grupo de amigos cercanos y sentirse completamente libre para expresar sus temores, dudas e incluso sus errores?

La comunión es ese tiempo de fe en acción, de amar a su hermano, de considerar las necesidades de otra persona más que las de usted. Es uno de esos momentos inolvidables cuando usted se conecta con el corazón de Dios y lo ve cambiar vidas –la vida de usted– la vida de las personas que tienen necesidad. A veces es simplemente tenderse y sentirse libre para ser usted mismo, a veces es llorar un dolor profundo, pero siempre comunión tiene que ver con amor y aceptación en el contexto de una común fe en Dios. A veces es algo que usted necesita dar, otras recibir; pero ciertamente es algo en lo que usted querrá ser parte.

EN CONCLUSIÓN:

Sólo porque la palabra es rara no significa que la experiencia deba serlo. Ser sincero y auténtico con otras personas se sentirá de esa manera al principio, pero como la palabra, puede acostumbrarse tanto a ella que nada más expresará el amor como estar con otros creyentes.

HABLE CON DIOS:

Hable con Dios acerca de cualquier problema que usted tenga para relacionarse con otros creyentes en Cristo. Confiese cualquier idea de orgullo que pueda estar estorbándole. Pida a Dios que le dé una oportunidad para animar a otro seguidor de Cristo sin esperar nada a cambio. Pídale que abra su corazón para tener comunión con otros creyentes.

CAVE MÁS PROFUNDO:

¿Se reúne con otros creyentes? Si no, necesita encontrar una iglesia, asistir a un estudio bíblico, o comenzar a reunirse con alguien cada semana para tomar café. Busque una oportunidad para confiar su vida interior con alguien –su parte espiritual.

PREGUNTA 29

"¿PUEDO HACER ESTO SOLO?"

«Así mismo, jóvenes, sométanse a los ancianos. Revístanse todos de
humildad en su trato mutuo, porque
«Dios se opone a los orgullosos, pero da gracia a los humildes»
Humíllense, pues, bajo la poderosa mano de Dios, para que él
los exalte a su debido tiempo»

1 Pedro 5:5-6

"Simplemente no veo la necesidad de ir a la iglesia.
Dios y yo estamos bien juntos. Leo mi
Biblia cada día y oro. No necesito a nadie
Más involucrado. Mi relación con Dios es un
Asunto personal y quiero que siga así.

Mi amigo, Jonathan, estaba inflexible. Durante el año anterior, en medio de su depresión y soledad, él se aferró a permanecer independiente. Durante el mismo tiempo, él cambió, y no para lo mejor. Él se volvió más distante y deprimido, y aunque físicamente era maduro, espiritualmente era cada vez más inmaduro. Realmente era bastante impresionante, cómo las cosa que él nunca había cuestionado acerca de Dios comenzaban a desenredarse un poco cada día. Su fe estaba fallando y yo no podía hacer nada para ayudarlo.

Esta persona a quien yo apreciaba tanto llegó a desilusionarse acerca del valor de compartir su relación con Dios con otros seguidores de Jesús porque algunos de ellos lo decepcionaron. Ellos no reflejaron a Cristo como él decidió que debían hacerlo, y él se separó de ellos. Claro, él vio cómo Dios usó individuos que se preocupaban en su vida, pero nunca entendió realmente el valor del poder colectivo de creyentes.

Así que, ¿qué tiene que ver todo este asunto de la humildad con la iglesia? Bueno, si usted conociera a Jonathan, también reconocería que sus expectativas no realizadas respecto a otros reflejaban sus propias expectativas no realizadas. Lo que vemos como lo peor en otros con frecuencia es lo que ellos pueden ver en nosotros. Si él hubiera escogido mirar en su interior y preguntar a Dios qué quería Él cambiar, él habría permitido que Dios lo hubiera ayudado a crecer y madurar; pero en cambio, él no dejó que Dios le revelara la verdad al evitar a otros creyentes. A Jonathan no le gustaba la idea de confiar en personas que podían herir así como ayudar. Esa idea presionaba cada botón de temor que él tenía porque lo forzaba a confiar en algo fuera del hombre o de sí mismo. Lo forzaba a confiar en Dios —pero Dios no iba a forzar la mano de Jonathan, así que él se mantuvo apartado de cualquier comunidad de creyentes (conocidos en la Biblia como el cuerpo de Cristo).

Puede sonar extraño escuchar que he conocido muchas personas como Jonathan que asisten a la iglesia cada semana. En realidad, la decisión de Jonathan de no asistir a la iglesia es más sincera que aquellos que asisten y nunca rompen el nivel de relación para avanzar a la confianza. Esas personas pueden asistir indefinidamente, pero a menos que desarrollen relaciones significativas, después de diez años probablemente no serán más maduros que lo que ellos eran el primer día que caminaron a través de la puerta.

Uno de los primeros discípulos de Cristo, Pedro, dijo que ser humilde es una responsabilidad de cada persona. En otras palabras, el desarrollo personal como cristiano descansa principalmente en cada individuo, pero esto no puede lograrse adecuadamente en aislamiento. Así como el empleado que no aprovecha los recursos disponibles para desarrollar sus habilidades y su persona obstaculizará el avance en su carrera, el cristiano que no se hace responsable de su propio desarrollo hará que su avance espiritual sea más lento o nunca avanzará.

Nadie cabalga solo. Este viaje tiene que ver totalmente con relaciones. Trata por tanto de experiencia y tiempo, pruebas y celebraciones, y aprender la verdad y desaprender la mentira. Tiene que ver con conocer a un hombre llamado Jesucristo y ser presentado ante Dios, el padre de usted, descubrir un poco cada día. Tiene que ver con llegar a conocerse a sí mismo y pasar tiempo con Dios y con otras personas que comparten su amoroso —y convincente- Espíritu. No importa si es introvertido o extrovertido; todo lo bueno acerca de la vida cristiana se basa en relaciones.

EN CONCLUSIÓN:

Dios le llama a una relación con Él y con otras personas porque nuestros grandes temores, inseguridades, debilidades y orgullo raramente se exponen en privado. Dios está en una búsqueda inexorable de desprender la cáscara que cubre el corazón puro escondido debajo de esa vida de mentiras, y ese corazón es llamado al ejército para ayudar a libertar a los cautivos. Usted es llamado a la comunidad. Es un mandato bíblico y lógico si usted quiere crecer.

HABLE CON DIOS:

Lea Filipenses 1:6 y dé gracias a Dios por esta promesa.

CAVE MÁS PROFUNDO:

Haga una lista de las cosas que no le gustan de la religión organizada. Haga una lista de las cosas que usted desee en su relación con Dios. Lea Romanos 15:1-13 y escriba una descripción del valor que ese grupo de creyentes al crecimiento espiritual de sus miembros.

Pregunta 30

"¿Qué necesito de la iglesia?"

Al irse de allí, Jesús vio a un hombre llamado Mateo, sentado a la mesa de recaudación de impuestos. «Sígueme», le dijo. Mateo se levantó y lo siguió. Mientras Jesús estaba comiendo en casa de Mateo, muchos recaudadores de impuestos y pecadores llegaron y comieron con él y sus discípulos. Cuando los fariseos vieron esto, les preguntaron a sus discípulos:—¿Por qué come su maestro con recaudadores de impuestos y con pecadores? Al oír esto, Jesús les contestó:—No son los sanos los que necesitan médico sino los enfermos. Pero vayan y aprenda lo que significa: "Lo que pido de ustedes es misericordia y no sacrificios." Porque no he venido a llamar a justos sino a pecadores.

Mateo 19:9-13

La verdadera iglesia no es su iglesia, pero SU iglesia es la iglesia. ¿Confundido?

La iglesia es el pasado, frente y futuro colectivo de todos los seguidores de Cristo. No es un edificio o las personas en el edificio llamado su iglesia. Su iglesia es un departamento dentro de una "corporación" más grande que ocupa un espacio y tiempo particular. Somos todos responsables el uno al otro, y debemos agradecer las fuerzas de cada uno y ayudarnos a vencer la debilidad de cada uno. El punto es que usted no está solo. El grupo de personas que usted puede llamar una iglesia no es una isla, y usted debe tener una perspectiva global de lo que la iglesia es porque usted es llamado en una comunidad más grande de creyentes —no sólo su banda local de hermanos.

La responsabilidad de la iglesia, muy parecida a la organización de un negocio dirigido por un director ejecutivo, es equipar y capacitar a cada individuo a contribuir a llevar a cabo con éxito sus metas. Las metas fueron diseñadas para satisfacer la visión alrededor de la cual el director ejecutivo edificó la compañía. Dios, nuestro director ejecutivo, quiere ser conocido, honrado, y servido a través de nuestro amor a Él, que lleva a amar a otros. Esa es la meta de la iglesia —Dios, Inc.

Hay un período de tiempo temprano en su andar con Cristo cuando usted puede ser bastante específico de cómo debe hacerse la iglesia. Usted puede encontrar difícil apreciar o aun tolerar un culto que no cumple con los estándares con los cuales ha crecido acostumbrado. Yo era así. Por un tiempo fui muy arrogante, nuevo creyente —y bastante irrespetuoso. Una vez llegué tan lejos que corregí a mi primer pastor, acusándolo de no entender a los adultos no cristianos. Tomó muchos años de ser expuesto a muchos estilos de adoración y enseñanza ver más allá de la presentación al mensaje, dejando a Dios espacio para que sea más grande que la calidad de la música o las canciones de esa semana.

Lo que quiero decir por permitir que Dios "sea grande" es tratar de limitar su idea de su efectividad al rebajar su capacidad al mismo nivel de los débiles intentos del hombre para expresar su amor y poder. Dios puede hacer mucho con poco si los corazones de los que participan son sinceros.

Una noche, asistí a un culto con una amiga que había sido invitada a una iglesia que no le era familiar. Ella casi sufrió una conmoción cuando las personas que pasaron al frente por oración comenzaron a caer a diestra y siniestra. Mi amiga parecía indecisa entre llamar una ambulancia o sólo batirse en presurosa retirada antes de que algún conocido nos encontrara allí. Aunque me invitó a salir de allí con ella, la convencí para que se quedara. Este era mi primer encuentro cercano con una iglesia donde la gente estaba siendo "azotada en el espíritu" como lo decían ellos. Mi amiga estaba bastante perturbada. Ella no sabía qué hacer, pero para mí esa fue una noche muy importante.

No, nunca me sentí impulsado a pasar al frente, pero en realidad esa fue la parte emocionante. No sentí presión para ser parte de una parte específica del culto, pero tampoco me sentía fuera del cuerpo específico de creyentes. En realidad fácilmente me enfoqué en Dios y me encontré adorando sin distracción. Yo no juzgué su forma de adorar, aunque no la entendí y no me relacioné con ella en absoluto. De hecho, aprecié su deseo de experimentar a Dios y su deseo de alcanzar a las personas donde ellas se encontraban. Adoré a Dios esa noche en relación con personas con las que no tenía nada en común excepto Cristo. Ahora me encuentro en iglesias alrededor del mundo, desde adornadas catedrales ortodoxas a pequeños edificios de dos habitaciones. La buena noticia es que ahora puedo encontrar a Dios allí también.

¿Ha estado asistiendo a una iglesia de cualquier clase por poco o largo tiempo? Tal vez usted sintió la obligación de quedarse en su primera iglesia o la iglesia del amigo que lo trajo a Cristo, pero las cosas no progresan como usted esperaba. Tal vez usted piensa que debe haber algo más en otro lugar y tiene una lista de deseos

—cosas que usted desea que fueran diferentes en su iglesia. ¿Qué ha buscado ya? ¿Qué hay en esta lista de deseos?

"Quiero un lugar con personas como yo."

"Quiero ir a donde toquen buena música, un edificio que no parezca iglesia, tal vez uno donde presenten dramas y tengan programas para niños."

"Quiero una iglesia con grupo grande de solteros que haga cosas buenas."

"Quiero un pastor agradable y que pueda mantener mi interés."

En verdad, estos son deseos, cosas que usted quiere, pero, ¿qué es lo que usted necesita? A resumidas cuentas —usted necesita una iglesia saludable.

Así que, ¿qué es una iglesia saludable? Un amigo mío dice: "El mundo es un hospital." Bueno, si eso es cierto, entonces la iglesia es el área de cuidados intensivos. Las iglesias deberían estar llenas de personas quebrantadas que necesitan salud. Si una iglesia sólo tiene personas que se ven saludables y nadie parece confesar necesidades, pecados, quebrantos, temor o duda, entonces alguien está mintiendo. Ese es un lugar lleno de secretos y armarios llenos de dolor. Probablemente no encontrará sanidad allí.

No quiero decir que la iglesia debería ser una sesión de grupo de consejería; pero una iglesia debe ser un lugar donde hay abundante gracia para los que fallan y también celebraciones de libertad.

Una iglesia es una colección de personas diferentes, con asuntos, desafíos y trasfondos únicos. En cualquier semana el estado espiritual de emociones y vidas en un grupo, no importa su tamaño, variará radicalmente. Una cosa es cierta, no obstante, hoy una gran parte de su iglesia, si usted tiene una, necesita apoyo y oración, y espero que muchos otros disfruten de gozo y celebraciones que compartir. Si las personas de su iglesia sinceramente expresan ambos lados de la vida de ellos, el bien y el mal no filtrado, es un cuerpo saludable donde las personas crecen y florecen juntas y las conexiones se profundizan en la tierra.

EN CONCLUSIÓN:

Lo que ahora necesita es un lugar donde aprender, admitir su necesidad e ignorancia, y recibir ayuda —un lugar que pueda ayudarle a conocer a Dios. Ninguna otra cosa importa realmente. Haga lo que sea necesario para encontrar un grupo de creyentes de quienes pueda aprender e incluso ayudar a ser amigos. No importa si se reúnen en un hogar, un hermoso edificio o una galera. Todo lo que importa es si son fieles a la Biblia, hacen su mejor esfuerzo para honrar a Dios en todo, y son una demostración de la gracia y el amor de Dios a medida que crecen para llegar a ser creyentes maduros.

HABLE CON DIOS:

Dé gracias a Dios por aceptarlo tal como usted es y pídale la humildad para aceptar a otros con todo y sus debilidades. También, pida una oportunidad para confiar que el Espíritu Santo en otro creyente le dé la misma gracia que Dios le da. Pida a Dios que lo dirija a alguien en quien usted pueda confiar.

CAVE MÁS PROFUNDO:

Lea Romanos 15:1-13 de nuevo y note lo que usted desea en un grupo de creyentes. Si ya tiene un grupo, ¿Cómo puede cumplir su parte para aceptar a los demás y promover la unidad? Si todavía no tiene un grupo de creyentes con el cual crecer espiritualmente y en sus relaciones, ore buscando la guía de Dios y comience a buscar uno.

PREGUNTA 31

"¿CUÁL ES LA IGLESIA PERFECTA PARA MÍ?"

*Todos los creyentes eran de un solo sentir y pensar…
No había necesitado en la comunidad*

Hechos 4:32, 34

¿Existe la iglesia "perfecta"? Seguro, a menudo he asistido a la iglesia perfecta. Una vez, ese lugar "perfecto" estaba en total desorden. La asistencia declinaba, había menos voluntarios, abundaban los desacuerdos, los líderes se marchaban, y había crisis financiera. Era perfecta precisamente por el lugar donde me encontraba en mi relación con Dios en ese preciso contexto, y por lo que aprendí acerca de Dios porque permanecí. En ese tiempo, fui llamado a caminar al lado de personas seriamente lastimadas y encontré bendiciones como muy pocas veces en mi vida. Descubrí la verdad de parte de Dios de maneras profundamente asombrosas mientras escuchaba las frustraciones de otros y los ayudaba a enfocarse en quién es Dios en medio de la crisis. Era la iglesia perfecta porque yo necesitaba escuchar la verdad de Dios en tales circunstancias y en ese tiempo tanto como ellos. Decidí dejar que Dios me diera compasión por otros y actuar en su dirección en vez de enfocarme en mis propios asuntos; Fui animado cada día, y crecí en mi conocimiento de Dios en lugar de ser abatido por las dificultades.

La iglesia está formada por personas, y nosotros estamos lejos de ser perfectos; pero enfáticamente creo que hay un lugar perfecto a donde usted puede asistir. Sin embargo, debo aclarar qué es perfecto. Perfecto no significa que sea una iglesia que suple todas las necesidades de usted. Perfecto no significa que usted está de acuerdo con todas las normas, los líderes, mensajes, estilos de adoración y programas. Perfecto significa nada más que es un lugar donde Dios desea que usted esté en ese momento.

Sorprendentemente, durante el tiempo que mencioné antes, no fui guiado a marcharme. Más bien, fui guiado a alcanzar a los amigos que cayeron fuera del rebaño. Las relaciones construidas durante la crisis en la iglesia condujeron a un estudio bíblico en mi hogar. El siguiente paso parecía natural.

Después de unos meses, Dios me guió a un grupo de personas en otro estado que investigaba si Dios los guiaba a comenzar una nueva iglesia en mi ciudad. Pronto después de ello, nació una nueva iglesia. Varias familias se reubicaron con el pastor para unirse a mi grupo desplazado que buscaba un hogar y la mano de Dios se mostró de maneras que validaban lo que hacíamos. La iglesia hoy, lucha con cientos de miembros, e incluso plantaron otra iglesia después de unos cuantos años.

No podría decir dónde estaría la nueva iglesia si no hubiese escogido permanecer en medio de la gran confusión sin una buena razón "lógica". Seguro, sin mí sólo se hubiera demorado un año y no hubiese habido gran problema. Pero lo que ahora sé es que hubiera perdido completamente una comprensión más profunda del cuidado que Dios tiene de quienes lo siguen, buscando su poder por encima de nuestras circunstancias, y aprendiendo a confiar que su plan es mucho más grande de lo que podríamos imaginarnos.

Para mí, mi antigua iglesia llegó a estar completamente "equivocada" en cada modo imaginable. Ya nada de ella apelaba a mi estilo, o aun a mis deseos personales para alcanzar personas con preguntas espirituales y para ayudar a crecer a seguidores de Cristo. Mis líderes y amigos favoritos ya se habían marchado, pero yo me quedé porque mis emociones realmente no me indicaban cuál era el lugar correcto donde debía estar. Cuando llegó el tiempo de marcharme, Dios me lo comunicó claramente; y lo que me ayudó a ver su dirección fue la elección de enfocarme en lo que podía hacer para ayudar dondequiera que viera necesidad, no en mis propios asuntos.

Las circunstancias de si una iglesia es o no la correcta para usted no puede contestarse con simpleza. Puede haber muchas razones para quedarse o para marcharse, pero los cristianos comúnmente cometen un error grande —se enfocan solo en lo que la iglesia puede hacer por ellos, en vez de lo que Dios puede hacer en ellos al estar allí. Si el propósito de vivir es conocer cada día más el carácter y el amor de Dios, ¿qué tiene que ver eso con el estilo de adoración o qué tan bueno es un orador? Seguro, eso puede ayudarlo a conectarse con Dios, pero si esas cosas son su único criterio para aprender acerca de Dios y para experimentarlo, está haciendo a la iglesia en vez de usted la responsable por esa relación. ¿Cuánto más deberían sus relaciones con creyentes impactar su relación con Dios, que la anónima asistencia a un culto "profesional"?

Un pastor en una iglesia sana que asistí se puso en pie un domingo y preguntó cuántas personas participaban en grupos pequeños de estudio bíblico semanal. Creo que ellos los llamaban "grupos de atención" porque ese era su propósito, siempre a través del enfoque y la dirección de Dios. Cerca del 70 por ciento de esa iglesia levantó su mano, lo cual era asombroso comparado con la mayoría de los lugares donde yo había estado, pero para él eso no era suficientemente bueno. Él dijo que la meta de esa iglesia era que el 100 por ciento de su gente participara en relaciones significativas entre ellos; así que si usted tuviera que elegir entre asistir al culto dominical o reunirse con un grupo pequeño de estudio, faltaría el domingo.

Esas eran palabras muy valientes de un líder de iglesia, porque no se recibe ofrenda en un estudio bíblico, no hay un modo tangible de medir el progreso y el éxito. Pero él sabe que el propósito de la iglesia se halla en relaciones, confesión y gracia. Esa es la iglesia visible: un cuerpo de creyentes que crece en relaciones personales significativas que honran a Dios. Si ese cuerpo se enfoca en el carácter, el corazón y los deseos de Dios, sus miembros de manera natural serán dirigidos a relaciones con no creyentes, sirviendo a la comunidad, y sirviéndose unos a otros. Si buscan a Dios de manera colectiva tanto como individualmente, sus deseos a menudo serán acordes, y allí es donde ocurren los grandes movimientos de Dios.

Los cristianos inteligentes entienden que el anonimato no es a lo que la iglesia cristiana ha sido llamada por una razón. Mientras se mantenga a distancia de otros creyentes, su crecimiento será impedido dramáticamente. Si no hay alguien en su iglesia o grupo de estudio bíblico que sepa la historia de su relación con Cristo, sus luchas, y sus esperanzas para el futuro, es mejor que determine si es usted o son ellos los que se están reprimiendo. Haga todo lo que pueda para construir esas relaciones primero haciendo a otros esas preguntas, y usted hallará la iglesia perfecta para usted en esas relaciones, o encontrará que necesita buscar otro lugar.

Además del valor de las relaciones, una iglesia saludable se asegura que la Palabra de Dios, la Biblia, es el centro de toda enseñanza. Si usted escucha un mensaje que se enfoca en consejería, con palabras que suenan agradables, y gran cantidad de citas selectas pero poco o nada de enfoque bíblico, tal vez quiera mantener sus opciones abiertas y continuar investigando. Asegúrese en leer la declaración doctrinal de la iglesia. Esta es la descripción de las verdades bíblicas por las que ellos se guían y le dará una base para determinar si son consistentes con su enseñanza y con la Palabra de Dios.

EN CONCLUSIÓN:

Inicialmente, usted necesita un lugar donde pueda aprender cómo estudiar la Biblia y comenzar a entender la voz de Dios en la vida cotidiana. Una vez que se construye ese fundamento durante los primeros dos años, sus opciones para los estilos de adoración y enseñanza llegan a ser importantes. Usted entenderá lo que es mejor para usted una vez que entienda lo que Dios piensa. Primeramente, usted necesita aprender a tomar buenas decisiones, lo que significa buscar sabiduría de parte de Dios —la fuente de toda verdadera sabiduría. Encuentre un lugar con personas que caminarán a lado de usted en ese camino, y si ellos tienen música ridícula y un edificio feo, ¿a quién le importa?

HABLE CON DIOS:

Alabe a Dios por la unidad que Él promete cuando los creyentes se enfocan en él. Pídale que lo guíe a la mejor manera de contribuir a la unidad del grupo de creyentes del cual usted es parte o que lo guíe al grupo de creyentes al que usted necesita unirse.

CAVE MÁS PROFUNDO:

Lea Efesios 3:14-21 y 4:1-6. ¿Cuáles son los deseos de Pablo para la actitud de los creyentes en la ciudad de Éfeso? ¿Qué de las acciones de esas personas? ¿Qué no se menciona en estos versículos que está en la lista de usted de lo que Dios quiere en una iglesia? Si hay preguntas que usted tiene respecto a su grupo actual, escríbalas y busque un líder para hablar de ellas.

Pregunta 32

"¿Debo dar dinero?"

"Cada uno debe dar según lo que haya decidido en su corazón, no de mala gana ni por obligación, porque Dios ama al que da con alegría"

2 Corintios 9:7

Larga cabellera rubia, enorme trono de oro, mansiones de millones de dólares, autos lujosos, y lágrimas de telenovela que salpican su saco de más de dos mil dólares —todo lo que falta es una corona tachonada con gemas encima de esa mansión blanqueada, pero no obstante vemos su relejo. Esta imagen de evangelistas ávidos de dinero y que aparecen en televisión por cable, es una de las razones por las que muchas personas, incluyéndome a mí, no sólo evitan el cristianismo, pero todavía tienen problemas para compartir nuestras finanzas aun después de que Cristo llegó a ser una realidad para nosotros.

Cuando usted cree por primera vez, hay mucho en que pensar, admirarse e investigar. Pensar en dar dinero a la iglesia mientras todavía trata de determinar de qué trata ser cristiano y quiénes son en realidad estas personas puede estar muy lejos en su lista de prioridades. Para algunos, no obstante, esa es una de las primeras que necesitan tratar.

¿Qué es correcto para usted y qué está equivocado? A pesar de lo que cualquiera pueda decirle, lo correcto para usted no es una cantidad de dinero dado a intervalos regulares. Dios está más interesado en su corazón, no en sus finanzas. Pero entienda que Él es inflexible en adquirir su atención y devoción porque Él sabe que es lo único que crece, protege y le da gozo. Si el dinero estorba para que usted abra su corazón a Dios, si confía más en el dinero que en la capacidad de Dios para proveer para usted, Él tal vez quiera que usted trate pronto con este asunto. Si el dinero no es la barrera más grande en su vida en este momento, si le resulta fácil dar, tal vez sólo necesita que alguien le ayude a descubrir qué es lo correcto.

Hay algunas razones por las que damos dinero como creyentes:

1. No lo consideramos nuestro. Todo lo que hemos recibido procede de Dios y debe ser considerado como un regalo. Si trabajamos por ello, nuestras habilidades y oportunidades fueron los regalos.

2. Queremos contribuir al avance de la obra de Dios. Cada vez que usted ayuda a alguien, como contribuir con alguna organización o trabajar individualmente con los necesitados localmente o en el extranjero, o proveer para los líderes de la iglesia que le sirven a usted y a sus amigos. Cuando usted sirve (dar de su dinero y energía) y da, usted crece para entender más profundamente el corazón de Cristo.

3. Queremos confiar en Dios en cada aspecto de nuestra vida. Si su propósito para vivir es conocer el poder, el carácter y el amor de Dios más cada día, entonces él debe sentarse en el sitio de honor en cada aspecto de su vida. ¿Está él a cargo de su situación financiera o es una idea tardía?

¿Se encoje su corazón y se aleja al pensar en dejar su futuro financiero en las manos de Dios? Le ha sucedido, en un tiempo o en otro a todos los que conozco. Está en buena compañía. Pero las personas que nunca persiguen esos sentimientos incómodos o permiten que Dios obre en esa parte de su vida nunca llegan a una clara conclusión acerca de lo que deben hacer con su dinero. Continuamente enfrentan amargura y culpa que en algún grado los atrapa. Por otra parte, quienes procuran los deseos de Dios para sus finanzas encuentran paz y libertad en su alma, a pesar de lo que pesen sus carteras.

No puedo decirle cuándo y cuánto debe dar, pero puedo decirle por qué dar. Usted da lo que ha decidido dar porque quiere regresar a Dios lo que Él le ha dado. Si usted no cree que Dios le ha dado algo, probablemente no sienta necesidad de regresarle nada. Dios desea nuestras devociones más que nuestras donaciones. Si usted no está dando motivado por un deseo de honrar a Dios, ¿por qué está dando? ¿Es para que otros lo tengan en alto concepto y espera encajar mejor en el grupo? O peor aún, ¿da porque se siente culpable? Si es así, no sólo está permitiendo que los demás lo controlen, pero también está permitiendo que una forma de temor gobierne su vida. En ese caso, le debería recomendar que guarde su cartera e inicie una conversación con Dios sobre el tema. Vea lo que Él dice acerca de dar (use la Biblia con una concordancia y busque "dinero" y "dar") y luego considere sus propias emociones.

Tiene mucho en que pensar ahora mismo, y tal vez esto no sea algo con lo que tiene que tratar de inmediato. Pero si su corazón se agita cuando el plato de la ofrenda pasa por donde usted se encuentra, profundice un poco para encontrar qué es lo que germina.

El momento financiero más feliz en mi vida no fue cuando recibí la más alta ganancia que tal vez nunca más recibiré en una inversión sino cuando escribí el cheque más grande que jamás he vuelto a escribir para donarlo. Para mí, en ese momento, era exactamente donde Dios quería que yo estuviera. No hubo tensión, ni temor acerca de mi futuro y mi jubilación, no calculé las pérdidas de inversión de las ganancias acumuladas de los próximos cincuenta años. No, sólo hubo un gozo indescifrable, y fui cambiado más por el conocimiento del impacto de dar que por el dar en sí mismo. Ese día cambió mi perspectiva sobre cada dólar que he ganado.

Dios tiene maravillosas maneras de bendecirnos cuando confiamos y damos. Algunos amigos le dirán que usted recibirá más dinero del que da, y sé que a veces esto ha sido cierto para muchas personas. Dios promete bendecir nuestro dar, pero esta definición de bendición puede variar radicalmente para cada uno de nosotros.

¿Qué consideraría usted un gran regalo: $100 o libertad del temor del dinero? ¿Qué de $1000 o libertad de temor al futuro? ¿Qué de un millón de dólares o una mayor comprensión del poder y el amor de Dios para usted?

¿Quién puede ponerle precio a la paz?

EN CONCLUSIÓN:

Cuando actúa motivado por un deseo en su espíritu de honrar a Dios con sus dones en lugar de la culpa o la compulsión de otros, no hay lamentos. Hasta entonces, mantenga su dinero. Dios quiere su corazón. Dios quiere que usted confíe en Él. Tarde o temprano, todos necesitan enfrentar el asunto de dónde ponen su confianza. Cuando le llegue ese día usted lo sabrá. Por ahora, disfrute a su Dios, y pídale cuál es la siguiente parte de su vida donde Él quiere trabajar. Si usted siente que Él quiere tratar con las finanzas, pregunte cuánto, y siéntase en libertad de buscar consejo de otros en quienes usted confía.

HABLE CON DIOS:

Siéntese en una silla o en un sillón en la habitación que contenga la mayor cantidad de objetos de su propiedad. Durante cinco minutos mire alrededor sin hablar, orando o levantándose de su asiento. Piense en las cosas que usted posee o quiere poseer. ¿Cuánto tiempo de su vida presente se enfoca en poseer cosas materiales? Ahora piense en el día de su muerte y qué diferencia hará en las personas las cosas que usted deje. ¿Qué tendrá el efecto permanente más importante en la vida de las personas? Agradezca a Dios por todo lo que usted tiene. Lea Marcos 12:41-44 y pida a Dios que le dé un corazón como el de la viuda pobre.

CAVE MÁS PROFUNDO:

Lea Hechos 4:32-5:11. ¿Por qué le sucedió esto a Ananías y a su esposa Safira? ¿Por qué Dios estaba enojado con ellos? ¿Les hubiera sucedido esto si ellos no hubiesen dado nada? ¿Está usted dando lo que cree que puede dar o lo que piensa que Dios le guía a usted a dar? ¿Tiene gran deseo de dar pero no sabe qué dar? Trate de dar el diez por ciento de sus ingresos, y dar una oportunidad a Dios para proveer para usted y llenar los vacíos. Pregunte en su iglesia o una organización cristiana acerca de sus necesidades y cómo dan cuenta del dinero que reciben. Dé con gozo en el corazón, pero también sea sabio al dar.

Pregunta 33

"¿Por qué orar juntos?"

Por eso, anímense y edifíquense unos a otros, tal como lo vienen haciendo… Estén siempre alegres, oren sin cesar, den gracias a Dios en toda situación, porque esta es su voluntad para ustedes en Cristo Jesús.

1 Tesalonicenses 5:11, 16-18

"No quiero orar en voz alta; me incomoda."

¿Ha oído alguna vez esto? ¿Alguna vez lo ha sentido?"

Yo la escucho todo el tiempo. Hay personas a las que les gusta orar en grupos y personas que detestan la idea. Yo era de los últimos. Por un tiempo, como muchas otras personas, viví en ansiedad cada vez que en un grupo se me pudiera pedir orar. Me mantenía con la esperanza de que nadie me pidiera orar y revelar las palabras terribles, sin experiencia, vacilantes de un nuevo creyente. Simplemente era tan difícil pensar de antemano en lo que debía decir, y algunas veces mis palabras resultaban incoherentes. No sonaba tan elocuente como el pastor o quienes habían crecido orando; me hacía sentir estúpido, así que cuál era la razón.

Esa es una buena pregunta. ¿Cuál es la razón para orar, de cualquier manera? En grupo o solo, en su núcleo la oración debe tratar acerca de Dios. Oramos para honrar a Dios; conocer su corazón y deseos por nosotros; para presentar nuestras peticiones porque creemos que son importantes; para pedir perdón; aumentar nuestra confianza; alabarlo y recordar sus atributos como bondad, amor, poder y misericordia. La oración primordialmente tiene que ver con Dios, y no con nosotros, si va a tener algo de bueno y benéfico.

En la oración, si lo permitimos, el Espíritu de Dios trabaja en nosotros, guián-donos hacia sus deseos —interceder, traducir e influir. A medida que la verdad de

Dios se revela en oración, somos cambiados. La oración puede cambiarnos sólo debido a esta conexión con el Espíritu, sea que lo sintamos o no.

Dios incluso dice que cuando no sabemos por qué orar, el Espíritu intercede a nuestro favor y ora por nosotros en maneras que van más allá de nuestra comprensión. De modo que no tenemos por qué preocuparnos de hacerlo "correctamente" nosotros mismos. Dios sabe lo que hay en nuestro corazón porque su Espíritu habita allí, buscando en los espacios pequeños, buscando la realidad aun cuando no conocemos lo que es real. Si Dios sabe lo que necesitamos aun cuando nosotros no lo sabemos, entonces Dios sabe lo que la persona que está enseguida de usted necesita, aun si usted no lo sabe.

¿Qué sentiría si un amigo cercano le dice:"Oye, he sido invitado a hablar frente al presidente de los Estados Unidos, el papa, las Naciones Unidas, cincuenta países líderes, las cien personas más ricas y los actores y músicos más famosos, todo en reuniones personales que serán trasmitidas a todo el mundo por televisión e Internet. Quiero hablarles de ti y tus necesidades. Quiero hacer una súplica apasionada por lo que tú quieres que pida a favor de ti"?

Si usted realmente fuera tímido, esto tal vez lo volvería loco. Si usted tuviera necesidad, sin embargo, eso sería un regalo maravilloso. Probablemente recibiría muchas cosas de parte de personas cuyos corazones fueron impactados. Ciertamente, las posibilidades están a favor de usted de que alguien dé algo, y usted probablemente terminaría con más de lo que necesita. Pero lo más impresionante sería que su amigo lo ama tanto como para representarlo ante esa importante audiencia.

Hay algo asombroso que sucede en su alma cuando alguien ora por usted. La sola idea de que alguien decida interceder ante el Creador del universo a su favor es algo muy lindo. Él colocó el sol en los cielos, conoce el nombre de cada estrella en cada galaxia, y mantendrá la tierra girando hasta el final del tiempo. ¿Qué sería más valioso que tener a alguien dispuesto (y a menudo con gozo) a acercarse al trono de Dios y hablar por usted?

¿No es ese un don que usted quisiera dar a otros? ¿Está usted realmente dispuesto a permitir que el temor a la vergüenza le impida ofrecer este don a otros? ¿Qué dice eso respecto a su actitud hacia los corazones de sus amigos que hablan a Dios por usted? ¿Realmente son críticos? ¿Se reirían? Si es así, ¿por qué está usted mal gastando su tiempo con ellos? ¡Busque nuevos amigos!

Supongo que en realidad no son tan malos —probablemente tienen el Espíritu de Dios obrando en ellos. Así que, ¿Por qué no tomar la oportunidad y hablar con Dios a favor de ellos? Dios ciertamente no guardará un registro de su "habilidad para orar bien." Fue Dios quien escogió a Moisés el tartamudo para que hablara al gobernador más importante del planeta, Faraón, a favor de su pueblo. Moisés suplicó que se le dejara escapar pero en cambio Dios le dio el poder de su Espíritu.

Nunca he encontrado una razón lógica para no orar juntos. En realidad, sus temores le están robando la posibilidad de experimentar el poder de Dios por usted mismo. Sus inseguridades le están robando el gozo de dar un maravilloso regalo a alguien más. Nunca sabrá cuánto se está usted (o ellos) perdiendo hasta que trata por sí mismo.

Orar juntos tiene también el beneficio de tejer juntos sus almas. Orar juntos muestra amor el uno hacia el otro y realmente ayudará a que se amen más entre sí. Porque usted escogió orar juntos, su comprensión del amor de Dios crecerá. ¿Cómo? Conforme su Espíritu promete guiar las oraciones de aquellos que desean dicha dirección, las cosas que salen de la boca de las personas se convierten en mosaicos de verdad y juntos forman una impresionante obra maestra. Si Dios puede trabajar en un individuo, piense en lo que puede hacer de las oraciones de un grupo consagrado.

Así que, ¿qué podemos esperar cuando oramos juntos?

Dios influye e inspira

Los socios en oración son impulsados a pensar en algo de manera diferente o pensar en algo completamente nuevo que luego guía sus oraciones.

Dios habla

Si quiere decir algo a alguien de manera clara, tal vez Él pueda escoger comunicarse a través de la voz de otro.

Dios se revela a sí mismo

Se le recuerdan los atributos de Dios que usted puede haber olvidado, o puede descubrir algo completamente nuevo acerca de Él.

Dios trae convicción

Mediante las palabras de confesión de otros y su propio silencio mientras escucha, el Espíritu Santo tiene espacio para trabajar en el corazón de usted en maneras que no puede cuando usted habla.

Dios perdona

La confesión genuina a Dios siempre lleva a la gracia. La confesión a Dios en un grupo agrega un abrazo.

Los momentos más inspiradores de oración que yo he experimentado han sido las oraciones de un niño, las palabras de un nuevo creyente, los balbuceos llenos de gracia de un corazón genuino no entrenado para hablar en público. Dios nos pide venir a Él como niños —en sinceridad y honestidad, no con las palabras pulidas de un orador. Todo lo que Él quiere es nuestro corazón, confesado lo mejor que podamos con nuestras palabras. Él solo quiere esto, y quiere usar esto para animar a otros.

EN CONCLUSIÓN:

Si tiene miedo orar con otros, usted se está robando y les está robando un maravilloso don de gracia y verdad. Usted está limitando las oportunidades para que hable el Espíritu Santo, para que usted sea cambiado, y para que se abran algunas de las últimas puertas de prisión. Esto no tiene nada que ver con hacer algo correcto; esto tiene que ver con la fe que Dios ama y su amor se manifiesta en aquellos que lo siguen. Si usted confía en Dios, debe aprender a confiar en otros que sienten de la misma manera y viven así.

HABLE CON DIOS:

Lea Romanos 8:26-27. Pida al Espíritu de Dios que guíe sus oraciones. Pida que le ayude para que sus palabras bendigan a alguien más.

CAVE MÁS PROFUNDO:

Paso # 1: Comience con discreción. Haga una oración breve –lo que usted quiera decir, pero tiene miedo decirlo– la próxima vez que esté en un grupo de oración.

Paso # 2: La próxima vez que un amigo creyente le comparta una necesidad, pregunte si puede orar por él. Luego hágalo. Trate de poner sus manos en los hombros de esa persona para hacer una conexión tangible en su mente de que está hablando a Dios por una persona de verdad. Trate de cerrar sus ojos para ayudarse a aclarar su mente. Mantenga silencio por un momento y pida al Espíritu de Dios que lo guíe. Ellos no pensarán que usted es raro. Luego simplemente hable lo que salga y diga "amén" cuando no venga otro pensamiento a su cabeza.

Pregunta 34

"No soy un evangelista, ¿o sí?"

Pon en manos del SEÑOR todas tus obras, y tus proyectos se cumplirán.

Proverbios 16:3

*Temer a los hombres resulta una trampa, pero el que confía en el
SEÑOR, sale bien librado*

Proverbios 29:25

Después de una pausa momentánea, la oscuridad se rompió cuando las luces de la casa se encendieron. Con una señal de los ojos del maestro de ceremonias todos voltearon a ver la estrella de la película caminar frente a la pantalla. Él se acomodó en un taburete, reconociendo brevemente los aplausos de la multitud como si los hubiera escuchado muchas veces esta semana. Él no es ingrato, sólo está fatigado de viajar. Es otro estreno de películas, y aunque esto es en Phoenix, Arizona, crecí acostumbrado al programa tras de vivir más de cinco años en Utah (hogar del Festival de Cine Sundance). Es tiempo para las preguntas y respuestas, y yo supuse que me sentaría y quedaría quieto esperando que todo esto terminara pronto. Sin embargo, esta vez Dios tenía una lección inesperada guardada para mí.

El actor es Kevin Spacey y la película, aunque es irrelevante a esta historia, es La vida de David Gale. El significativo impacto en mi vida vino al ser testigo de la respuesta a una simple pregunta hecha por una adolescente que deseaba convertirse en una actriz profesional. Esta jovencita tímida al frente de la fila levantó con vergüenza su mano y formuló esta pregunta al exitoso actor:

"¿Alguna vez ha estado nervioso en una audición? Si es así, ¿cómo logra sobreponerse?"

Kevin se puso de pie y de manera gentil que revelaba compasión y simpatía, con sus ojos enternecidos y su cabeza ligeramente inclinada hacia un lado, reveló que sabía por lo que ella estaba pasando, y quería ayudarla –primero a los nervios de ella, y luego a su pregunta. Él caminó hacia ella, se paró a medio metro de su silla, y la atrajo a un lugar de conversación privada.

Su nombre era Jennifer, según recuerdo, y después de evaluar sus temores con algunas sencillas preguntas, él cambió toda su perspectiva.

"Jennifer, cuando te paras allí frente a extraños debes ver el mundo con los ojos de ellos. Debes recordar que ellos quieren que tú tengas éxito. Mira, estos amigos tienen un problema y ellos esperan que tú seas la solución. Ellos están en tu esquina, no importa lo que parezca. Ellos quieren que te vaya bien."

¿Hay algo en común entre usted y Jennifer? ¿Piensa de Dios en la manera que Jennifer pensaba de los directores de reparto?

"Dios sólo mira mis fallas y errores."

"Probablemente no soy lo suficiente bueno para ser escogido para un papel importante."

"Estoy seguro que ni siquiera soy la clase que Él quiere."

"Si no lo hago exactamente correcto, Él escogerá a alguien más, pero ni siquiera estoy seguro qué está buscando. ¿Cómo voy a hacer un buen trabajo?"

Quiero darle otra dirección al consejo que Kevin Spacey compartió con esa joven aspirante a actriz. Quiero ayudarlo a desarrollar su propia perspectiva respecto a Dios. Vea, Dios tiene un problema y quiere que usted le ayude a resolverlo. Es un problema de pecado, quebrantamiento y soledad. Es el problema de separación que ha existido entre Dios y la humanidad desde el jardín del Edén. Y Dios quiere que usted le ayude a resolver ese problema.

Imagine que usted es el único que solicita ese papel. Dios siempre supo que usted es imperfecto para este papel. No hace falta una audición. El papel fue escrito con usted en mente. Se le ha dado el papel que concuerda con usted, y lo único que se requiere es que acepte el fragmento y se presente. ¿Aceptará el fragmento que ha sido diseñado perfectamente para usted?

Si es así, cuando actúe bajo la dirección de Dios, los corazones de las personas se conmoverán y sus vidas serán cambiadas. Es difícil verlo mientras está sucediendo, pero el resultado final es extraordinario. Durante la filmación de las películas El Señor de los anillos y Matrix —los efectos especiales más avanzados de filmación de su tiempo— los actores a menudo hablaron de la dificultad de imaginar el producto final. Ellos actuaban frente a pantallas en blanco, luchaban con enemigos que no existían, cabalgaban entre unos pocos caballos pero pretendían ser parte de un impresionante ejército de miles. El director tenía una visión y un papel más grande al integrar todos los componentes. Los actores jugaron un fragmento, pero simplemente tuvieron que confiar en esa visión mientras lo daban todo.

Así es como se ve toda su vida, pero es más evidente cuando comparte su fe. Tal vez no esté seguro cómo lucirá el producto final, pero puede estar seguro que la visión del director es perfecta, y el papel que usted ha elegido desempeñar es perfecto para usted. También, debe entender que este director está involucrado antes, durante, y después de que usted desempeñe sus líneas y escenas de acción. Lo que no es perfecto frente a la cámara puede ser limpiado en el cuarto de edición, con efectos especiales, o escenas adicionales. El director solo asume la responsabilidad por el resultado final de esta historia —la historia de gracia en la vida de cada individuo. Así por qué no relajarse y disfrutar ser parte de ello.

EN CONCLUSIÓN:

Confíe en el director y desempeñe su papel. La película es más grande que usted y ninguna escena descansa únicamente en los hombros de un actor. Disfrute y asómbrese de que el producto final es increíblemente más grande de lo que usted podía haber imaginado.

HABLE CON DIOS:

Piense en las personas involucradas en su proceso de descubrir la verdad transformadora de Jesús. Alabe a Dios por traerlos a su vida. Pida que Dios siga bendiciéndolos.

CAVE MÁS PROFUNDO:

Haga una lista de las personas por las que usted ora y escriba la importancia que tienen en su vida espiritual. Llámelas, escríbales un correo electrónico o reúnase con ellas para decirles lo que su tiempo y cuidado significan para usted. Luego pregúnteles cómo su participación en que usted llegara a conocer a Cristo ha impactado su comprensión de Dios y su relación con Él. Usted se asombrará cómo Dios los ha bendecido mientras le ayudaban a usted.

Pregunta 35

"¿Cómo explico los cambios en mí?"

"Más bien, honren en su corazón a Cristo como Señor. Estén siempre preparados para responder a todo el que les pida razón de la esperanza que hay en ustedes."

1 Pedro 3:15

"¡He! Mamá, ¿qué está pasando con Michael? En los diez meses pasados, él realmente ha cambiado."

Un mes después de que Cristo se convirtió en una realidad para mí, escuché que personas cercanas a mí habían notado cambios en mi carácter y actitud comenzando nueve meses antes de que tomara esa decisión. Mi hermana no tenía idea de que yo asistía a la iglesia, investigando la existencia de Dios, y buscando la verdad en la Biblia y Jesús –pero mucho antes de que nada sucediera "oficialmente" en mi alma, el viaje a la salvación dejó una marca memorable. Lamentablemente, yo estaba completamente inconsciente.

En el tiempo cuando mi madre me habló acerca de esta conversación con mi hermana, yo me preguntaba si algo era realmente diferente. Algunos antiguos pecados asomaban su horrible cabeza y rápidamente creaban duda, mi fe tambaleaba. Pero al escuchar que existían pruebas fuera de mi perspectiva, se hizo fácil mantenerme en mi fe.

Las personas notarán lo que usted no podrá. Ellos harán preguntas. No se sorprenda, aun si usted no ve lo que ellos ven. Usted debe estar preparado para responder.

Una joven universitaria en Rusia, donde copiar en el examen se atribuye con frecuencia a la floja atención de muchos profesores, fue enfrentada ante un nuevo dilema como nueva creyente. Seguiría ella copiando o confiaría que su fe y trabajo duro serían suficientes. Así que, en su próximo examen decidió no usar la hoja para copiar que normalmente traía a clase. Ella aprobó, aunque con una calificación más baja.

Sus amigos lo notaron y estaban asombrados. No tanto por aprobar el examen sin copiar, sino de asombro de que no hubiese querido hacerlo. Todos copiaban. Simplemente se hacía. ¿Por qué violentar el sistema? Siguieron curiosos observando mientras aprobaba otro examen, pero su calificación volvió a bajar.

Ella se preparó por adelantado para las preguntas con su mentor espiritual y estaba lista cuando ellos preguntaron. Ella habló del gozo que encontró en el camino de la honestidad, y cómo ella descubrió que su identidad no estaba envuelta en ser como todos los demás. Ella compartió cómo realmente experimentó una mayor libertad sin culpa o temor de copiar. El hecho de que a ella no le preocupaba que la consideraran rara les intrigaba. ¿De dónde venía esta recién encontrada confianza? ¿Por qué no le preocupaba ser como todos los demás? ¿Puede usted realmente vivir sin sucumbir a la presión de grupo?

Cuatro muchachas decidieron que valía la pena probar este camino de honestidad, y ahora un grupo entero de alumnos en diferente etapa de fe en Dios tratan de vivir por principios bíblicos. Ellas están cambiando a medida que caminan esta senda para confiar en Jesucristo porque alguien estaba dispuesta a responder con confianza por qué estaba cambiando.

No hay necesidad de hacer esta explicación de cambio una discusión religiosa o golpear a las personas con una Biblia en la cabeza. Dígaselo en español claro, y si le preguntan "por qué" y "qué le llevó a esta decisión", entonces siéntase en libertad de mencionar que hay cambios recientes en su perspectiva espiritual que están impactando su modo de vida. Si todavía no están interesados en las cosas espirituales, ellos abandonarán la conversación. Si hacen más preguntas, le están dando su permiso para que les cuente su historia.

EN CONCLUSIÓN:

Usted tiene una nueva identidad y otros la miran aun si usted no lo logra. Muchas personas hacen preguntas en su mente, aun si todavía no las dicen en voz alta. Ese tiempo llegará. Evalúe cómo está viviendo y pensando de manera diferente, puede ser preguntando a personas que conoce, y esté preparado para responder a las preguntas. Busque dirección de un mentor espiritual y ore para que el Espíritu de Dios guíe sus respuestas. Confíe en Dios, hable la verdad, respete a la persona, y al contar su historia descubrirá el gozo de la pasión de Dios que no puede ser experimentada en ninguna otra manera.

HABLE CON DIOS:

Dé gracias a Dios por los cambios en usted y por prometerle completar esta obra. Pida que le revele cómo lo está moldeando y haciéndolo más semejante a Cristo.

CAVE MÁS PROFUNDO:

¿Qué espera? ¿Qué cree realmente acerca de su futuro debido a la milagrosa influencia de Dios y el carácter perfecto? ¿Cree usted que su matrimonio, presente o futuro, perdurará? ¿Cree que no temerá a la muerte cuando llegue su tiempo? ¿Cree que nunca recibirá sufrimiento en su vida más del que puede soportar? Escriba estas esperanzas, y tal vez póngalas donde las pueda ver o en su diario donde las pueda leer. ¿Qué de su experiencia y conocimiento de Dios para guiarlo a esta experiencia? Esta es una de las cosas más importantes que usted puede hacer como creyente. Este pequeño ejercicio puede cambiar su vida entera si realmente toma el tiempo para pensar y orar al respecto.

"¿CÓMO LOGRAR QUE MI FAMILIA Y AMIGOS CONFÍEN EN CRISTO?"

"Este mensaje es digno de crédito y merece ser aceptado por todos: que Cristo Jesús vino al mundo a salvar a los pecadores, de los cuales yo soy el primero. Pero precisamente por eso Dios fue misericordioso conmigo, a fin de que en mí, el peor de los pecadores pudiera Cristo mostrar su infinita bondad. Así vengo a ser ejemplo para los que, creyendo en él, recibirán la vida eterna. Por tanto, al Rey eterno, sea honor y gloria por los siglos de los siglos. Amén."

1 Timoteo 1:15-17

"¿Él hizo qué? ¡Imposible! ¿Está él envuelto en alguna clase de secta? ¿Fue un colapso nervioso? Antes él parecía tan normal. Yo no tenía idea de que él sería capaz de algo así."

Recuerdo ese día muy bien. Uno de los directores regionales de la compañía en la que yo trabajaba anunció a toda la región este que él había "nacido de nuevo" y que se había convertido en "un hombre enteramente nuevo" en un instante. Él entregó su renuncia, y pronto dejó su trabajo para hacer… bueno, él no tenía idea qué. Él estaba para salir y calculó que no tenía nada que perder, así que durante sus últimas dos semanas él decidió reunirse con cada persona de su grupo uno por uno para hablarles acerca de Jesucristo, compartir su historia e invitarlos a que tomaran la misma decisión que él.

No hubo quién lo hiciera. No que no hubiera podido haber, pero su acercamiento supuso demasiado. Él no pudo entender por qué nadie estaba tan emocionado como él acerca de su decisión. Tampoco entendió que el único cambio que ellos veían en él era que repentinamente se volvió un poco loco y raro. Llegó a ser considerado como alguien a quien se debía evitar a toda costa en vez de alguien a quien buscar por dirección. No sabíamos si él realmente quería dejar de dormir con su esposa o mentir acerca de sus ventas o beber con los muchachos por la noche. Francamente, no teníamos una razón para creer nada de eso. Teníamos derecho de ser escépticos.

Yo sabía por lo que él estaba pasando porque yo había aceptado a Cristo apenas unos meses antes. El cambio que sentí dentro de mí era tan real que no podía imaginar que otros no lo identificaran de inmediato. Ellos vieron algo, pero no supieron qué era. Ellos daban por sentado que todavía era el tipo rudo y egoísta que simplemente parecía disfrutar un buen día. Yo quería que todos supieran, pero por lo general cuando yo trataba de abordar el asunto con alguien ellos simplemente se negaban a hablar. Algunas veces escuchaban, otras expresaban claramente que yo estaba siendo un intruso. Rápidamente rompí relaciones con varias personas debido a mi entusiasmo.

Entonces cuando pedí ayuda de Dios (como último recurso), él escogió guiarme a los versículos acerca de responder a preguntas y poner en claro que mi enfoque estaba equivocado. DIOS era responsable por la salvación de ellos, no yo. Él me invitó a ser parte con el propósito de conocerlo más. Entonces escogí vivir mi vida buscando a Dios, y dejar que la consistencia del cambio en mí convenciera a las personas que yo realmente había cambiado. Eso funcionó y me permitió ser más determinado al entrar a la vida de las personas sin ser rudo. Una vez que las personas creyeron que yo era diferente, me preguntaron por qué. Hasta entonces, mis acciones tenían más significado que las palabras.

Cuando ellos preguntaron, yo fui capaz de hablarles de la esperanza que yo tenía para el futuro, cómo encontré paz, cómo mi ansiedad acerca de mi desempeño y mi éxito comenzó a desvanecerse. Una vez que las personas estuvieron convencidas de que yo era diferente y confiaron que les hablaría con amor y no juzgando, ellos quisieron oír mi historia.

EN CONCLUSIÓN:

A usted se le ha dado el más asombroso regalo y naturalmente lo quiere compartir con aquellos que ama. ¿Cree usted que Él los ama más que usted? ¿Puede confiar que Dios salvará a las personas por las que usted se interesa? Pídale que lo haga parte del proceso. Espere en Dios. Pida dirección. Entre a sus vidas para amarlos y estar preparado para responder cuando ellos pregunten por qué.

HABLE CON DIOS:

Pida a Dios sensibilidad hacia el viaje espiritual de las personas por las que usted se preocupa y también sensibilidad a la dirección del Espíritu Santo. Pregunte cómo les puede mostrar el amor de Cristo sin decir una palabra acerca de Jesús, pero manténgase abierto a las palabras si surgen. Ore por las personas cercanas a usted que no son salvas –que ellos puedan estar abiertos a los cortejos del Espíritu Santo.

CAVE MÁS PROFUNDO:

Estudie 1 Timoteo 1:15-17. En su primera lectura del texto, escriba en una hoja de papel cada palabra o frase que representa una acción o deseo de Jesucristo. La segunda vez que lo lea, note los atributos de Jesús o Dios. En su tercera lectura, ponga especial atención al papel de Pablo (el autor). ¿Qué le sucedió a él? ¿Cómo era antes? Ahora, con toda esta "información", ¿cómo esperaba Pablo que estas verdades fueran comunicadas a través de su vida a los no creyentes? ¿Cómo pueden ésas ser comunicadas a la vida de usted?

Pregunta 37

"¿Por qué necesito hablar a las personas acerca de Jesús?"

*"Jesús se acercó entonces a ellos y les dijo:
-Se me ha dado toda autoridad en el cielo y en la tierra. Por tanto, vayan
y hagan discípulos e todas las naciones, bautizándolos en el nombre del
Padre y del Hijo y del Espíritu Santo, enseñándoles a obedecer todo
lo que les he mandado a ustedes. Y les aseguro que estaré con ustedes
siempre, hasta el fin del mundo."*

Mateo 28:18-20

"¿Por qué necesito hablar a las personas acerca de Jesús?"

"Yo no estoy calificado; conozco muy poco acerca de la Biblia."

"¿Por qué debo involucrarme; no pueden sólo ir a la iglesia y hablar con el pastor?"

"No soy pastor o evangelista. No puedo contestar las preguntas de todos; todavía estoy tratando de contestar las mías."

¿Le suenan familiares estos pensamientos? ¿Ha tenido usted estos pensamientos o algunos como ellos? Es extremadamente común y normal pensar de esta manera debido a la forma como se ve el evangelismo en el mundo. Toda la idea de compartir su fe ha sido contaminada por personas rudas que interrumpen y discuten con desconocidos, que tienen poco interés del viaje actual de la persona. Hablar de su fe no tiene que ver con tener todas las respuestas, hacer las cosas de cierta manera, o entrenamiento. Tiene que ver con estar asombrado con Dios, entender su corazón de manera que lo conecte con su pasión más grande por la humanidad, y ser obediente a la guía de su Espíritu en la vida diaria. El "cómo" y el "por qué" de hablar a las personas acerca de sus creencias ha sido cubierto en otro libro escrito por este autor *Evangelismo con permiso — cuándo hablar y cuándo andar,* pero quiero que entienda ahora un poco del "porqué"

Forzar a alguien al final del camino antes de que esté listo es como recoger a un mochilero en el auto de usted y llevarlo hasta el final del camino, luego pedirle que le describa a alguien más el gozo de un viaje de excursión. ¿Fue su experiencia real y de valor sin que él anduviera el camino por sí mismo, en su propio tiempo? El viaje ciertamente se trata del destino, pero sin experimentar el camino hasta ese punto, el destino pierde mucho de su valor. Aparte de por qué alguien pueda preferir ir en auto y evitar caminar a pie por sí mismo, si su intención y necesidad es realmente entender el valor de todo el camino, tarde o temprano tendrá que caminarlo él mismo.

He encontrado que las personas a quienes se les permitió el tiempo de llegar a sus propias conclusiones sin presión, pero que fueron guiados a lo largo del camino, entraron a una fe más profunda y madura considerablemente más rápido que aquellos que saltaron a una decisión emocional o forzada. Por lo tanto, hablar de su fe tiene que ver con hablar de su viaje y pedir involucrarse en el viaje de alguien más. Esa es la razón por la que se relaciona con alguien sin tener en cuenta el estatus socioeconómico, la edad o la geografía.

El "por tanto" en el versículo de Mateo 28 es posible porque Dios está en control. Usted puede hablar con las personas acerca de Él y su Espíritu estará con usted siempre para guiarle y enseñarle. Compartir su fe se trata de Dios, no de usted. Tiene que ver con que Él sea glorificado y que las personas involucradas en la conversación descubran más acerca de Él. Así que si no se siente preparado, usted está en el lugar correcto. Sólo tiene que poner sus motivos en línea con los deseos que Dios tiene para usted.

Todo lo relacionado con hablar a la gente acerca de Jesús tiene que ver con relaciones —las de usted con ellos, y los de ustedes con Dios. Francamente, yo hablo de mi fe por razones egoístas. Quiero conocer a Dios. Quiero sentir lo que Dios siente, ver lo que Él ve, oír lo que Él oye, y saber lo que Él sabe, en el grado que esté disponible para mí en esta tierra. Esa es como la relación íntima entre esposo y esposa. Esa es muy íntima.

No puedo explicarlo mejor que como ya lo hice en Evangelismo con Permiso, así que aquí hay un extracto acerca del carácter de Dios al compartir su fe. He incluido una parte del texto enseguida:

Ninguno sondeará completamente a Dios, y yo ni siquiera me aventuraré a intentarlo en este libro, pero debo tratar de los aspectos del carácter de Dios que son revelados a través del evangelismo. Dios es amor —es su amor por toda su creación que compele sus deseos por el perdido y su misericordia que hizo posible la restauración. Es su amor y bondad la que nos invita a participar en el evangelismo por el beneficio que trae al creyente. Dios es santo y justo —digno de nuestra honra. A medida que nos acercamos a Él mediante el evangelismo, vemos que Él es digno de alabanza.

La búsqueda para entender el corazón de Dios es su responsabilidad. No hay nada más importante en la vida que conocer a Dios, lo que naturalmente debe resultar en darle gloria a Él. Fue el propósito por el que la humanidad fue creada, pero como cristianos, pasamos más de nuestra vida y oraciones enfocados en aprender acerca de Dios en contexto de sus relaciones con nosotros, pero creo que no siempre comenzamos nuestra búsqueda en el lugar correcto. Nuestro deseo de agradar a Dios con más frecuencia se concentra en nuestro pecado y cómo podemos cambiar para ser más como Cristo. Siempre nos quedaremos cortos de nuestras expectativas para ser como Cristo si nuestro crecimiento en la relación con Dios se enfoca en nosotros.

Si el deseo de nuestro corazón es agradar a Dios, debemos enfocarnos en dónde Dios encuentra su más grande gozo —y no es la iglesia. Tan difícil de aceptar como pueda ser, Dios lo ama mucho, pero usted no es su pasión más grande. En la parábola de la oveja perdida (Lucas 15:3-7), Jesús enseña que el gozo más grande del cielo radica en el regreso seguro de la oveja perdida al rebaño, NO en las noventa y nueve que no necesitan ser salvas. No nos gusta pensar en el gozo de Dios en estos términos por nuestros deseos egoístas de ser el único objeto del amor de Dios. Desde nuestra salvación ahora somos uno con Cristo en corazón y propósito. Somos por lo tanto, uno en pasión —si permitimos la conexión al abandonar nuestro deseo egoísta de ser el único niño.

El deseo de Dios es tener una relación íntima con la humanidad —nos gusta pensar en esto como un gran misterio, pero Dios ha escogido revelarlo a nosotros. Dios no creo al hombre porque nos necesita. Al estar completo en la Trinidad, Él escogió crearnos de cualquier manera porque el amor, la esencia de Dios, glorifica y honra al dador. Nuestro propósito no se haya en meramente "ser", sino ser en una relación de amor con nuestro Creador. La vida verdadera —espiritual, con propósito y llena de gozo— se halla sólo en relación con Dios y su familia.

¿QUÉ HAY POR NOSOTROS?

Ha estado usted alguna vez cerca de alguien que se encuentra en medio de momentos de la vida llenos de gozo —comprometiéndose en matrimonio, dar a luz un bebé, lograr una meta en la vida. El gozo es contagioso —usted quiere estar con ellos, escuchar la historia de nuevo, participar en el momento porque lo hace sentir bien, también. Aun si la persona es un extraño para usted, se siente bien ver a alguien feliz. Ahora imagine que el individuo es alguien cercano a usted —alguien que usted ama, alguien a quien usted quiere agradar. ¿Qué hace por usted el ver y sentir su gozo? ¿Cuál es el mayor gozo de Dios? El gozo más grande de Dios es volver a conectarse con pecadores. Es la razón por la que Dios soportó su más grande dolor, Cristo en la cruz. Su deseo nunca se apaga. Él busca el arrepentimiento de pecadores sobre todo. Si el gozo más grande de Dios es cuando un alma perdida lo encuentra, ¿no le gustaría a usted estar allí? ¿Tiene sentido involucrarse en el gozo más grande de Dios?

El carácter de Dios –amor, bondad, fidelidad- requiere que todas sus acciones hacia nosotros sean para nuestro beneficio. Siempre hay algo en ello por nosotros. Dios no hace nada a medias, así que cuando estamos en el servicio de Dios, somos bendecidos. Nuestra participación en el proceso de traer a los no salvos a Él no es para su beneficio o para el beneficio del perdido. ¡Debemos evangelizar por causa nuestra! Suena egoísta sólo si considera que Dios nos ama y desea bendecirnos en todo lo que hacemos."[1]

EN CONCLUSIÓN:

No hay manera que usted pueda entender a Dios en la manera que Él desea sin participar en su más grande pasión. Si usted sólo mantiene una relación vertical (es decir, una relación entre Dios y usted, pero no entre usted y otros), su gozo estará limitado y su vida no brillará como Dios lo intentó. PERO, si usted sale para involucrarse en las cosas que usted no puede hacer sin Dios, usted entenderá el corazón de Él, su tristeza, y su maravilloso gozo en maneras memorables. Su fe crecerá porque usted sabrá que no fue usted, sino Dios a través de usted, el que realiza cualquier cosa en la vida espiritual de alguien más. Y usted será inspirado a beber profundamente de sus palabras y hacerse responsable de su fe.

Una vez más, la pregunta que usted debe hacerse no es "¿por qué?" sino "¿por qué no?" Si la respuesta tiene que ver con usted y el temor, magnífico –usted acaba de descubrir por qué Dios quiere que usted dé este paso.

HABLE CON DIOS:

¿Qué piensa y siente acerca de la pasión de Dios para buscar relacionarse con usted? Hable con Él al respecto. Pida que su pasión crezca en usted para que pueda entender el corazón de Dios.

CAVE MÁS PROFUNDO:

Haga una lista de todas las razones por las que usted no quiere hablar con alguien acerca de Jesús. Luego, al lado de cada asunto, escriba si Dios es capaz de vencerlo. Después de eso, escriba cómo puede darle la oportunidad para demostrar ese poder.

---

[1] Michael L. Simpson en *Permission Evangelism* (NexGen: Colorado Springs, Colo., 2003), pp. 141-142.

PREGUNTA 38

"¿CÓMO TRATO CON EL RECHAZO?"

*"Así mismo serán perseguidos todos los que quieran llevar
una vida piadosa en Cristo Jesús"*

2 Timoteo 3:12

"¡No eres mi amigo si no _______!"

"Si mencionas a Dios una vez más, te echo a la calle."

"Oh, vamos, no seas tan aburrido. Antes te gustaba hacer esto."

"No traigas estas tonterías del cristianismo aquí."

"Si oras o hablas acerca de Dios aquí una vez más, te expulso."

"Yo pensaba que eras normal. Antes me caías bien. No sabía que eras uno de ellos."

Alguien lo odia. Quiero decir, él odia todo lo que tiene que ver con usted. Él aborrece estar en su presencia. El solo estar cerca de usted lo enferma.

Su nombre es Satanás.

Pero eso parece bien porque él es malo, y usted ni siquiera puede mirarlo. Es una buena señal que él lo odie porque eso significa que Dios está vivo en usted, y Satanás realmente odia a Dios. Es a Dios a quien él rechaza, pero estaría perfectamente bien si sólo lo odiara a usted, ¿verdad? Quiero decir, de todas maneras ¿a quién le gustaría ser amigo de Satanás?

Por otra parte, otras personas –puede ser alguno de sus mejores amigos o un familiar cercano- ha comenzado a evitarlo, ha dejado de llamarle, o tal vez ha comenzado a actuar con rudeza y condescendiente cuanto están juntos. Eso realmente duele. Esas son personas por las que usted se preocupa y con quienes desea mantener relaciones sanas. Parece que lo están forzando a escoger entre vivir de la manera que Dios dice que usted debe vivir ahora y de la manera que ellos viven.

Si eso no ha sucedido todavía, sucederá. Qué pena traer lo que parecen malas noticias, pero es un hecho bíblico de vida.

A veces no queda claro que otros lo rechazan porque ellos rechazan sus decisiones. A veces no está declarado, pero penosamente obvio. ¿Por qué de pronto lo tratan con tanta frialdad cuando usted realmente no siente que esté haciendo algo diferente a lo que hacía antes? ¿Por qué los compañeros de la oficina dejan de decir groserías cerca de usted o cortan el chiste sucio antes de la parte graciosa cuando usted entra?

Es porque ellos ven en usted algo que usted no ve. Es porque el espíritu de ellos está en conflicto con el de usted. Es él de nuevo —el sujeto que lo odio, Satanás- pero manifestado en un temor a Dios no expresado y probablemente desconocido. Realmente usted no lo ve, porque es sólo lo que usted es ahora. Es su esencia, su nueva realidad, su espíritu, un nuevo ser en la misma piel —es Dios en usted a quien ellos rechazan.

El pecado es oscuro, pero a veces el pecado se siente seguro porque es una entidad conocida cuando usted está acostumbrado a vivir en la oscuridad. Cuando la luz del Espíritu de Dios entra a la misma habitación que el pecado, éste se escabulle y se esconde en una esquina por temor a ser destruido. La luz saca al descubierto las mentiras y revela la verdad, pero la verdad a menudo es dolorosa y atemorizante. La verdad revelada siempre requiere cambio. Algunos serán atraídos a la luz como una flor al sol, y algunos se escabullirán como una cucaracha en la cocina cuando es sorprendida en la noche.

Hay una luz en usted que es el Espíritu de Cristo. A pesar de la intensidad, la luz siempre cambia el entorno a menos que sea cubierta o escondida. Enfocada y concentrada, la luz puede cortar el acero, remover un tumor, o entretener a las masas con hermosas imágenes en el cielo. Una simple lámpara puede revelar realidad, aclarar un camino, remover el temor, o exponer el peligro. La luz es vida para las plantas, las personas y animales que fueron hechos para ella y muerte para muchas criaturas de la tierra que viven en lugares oscuros.

Porque usted es una representación visual del Espíritu de Dios, aquellos que son condenados por la verdad lo rechazarán. Usted enfrentará la decisión de seguir a la multitud y continuar pecando o mantenerse firme en la libertad encontrada en la obediencia a Dios. Las respuestas de otras personas a su decisión revelarán sus problemas de confiar en Dios. La respuesta de usted a la necesidad de que ellos lo acepten revelará su problema de confiar en Dios. Por lo tanto, si usted tiene relaciones con personas que no conocen a Dios, y usted vive como debe vivir, entonces será enfrentado con la disyuntiva de decisiones morales vez tras vez.

Usted no encajará.

Pero, debido a esto usted puede ser la luz que les muestra el camino a la libertad —el camino hacia Jesús. Usted puede ser la llave que abre la cárcel de la presión de grupo, el temor al rechazo, y pecados conocidos que atrapan, dañan y destruyen. Usted puede ser un faro de esperanza para el perdido si permite que la luz brille a través de sus palabras que edifican en lugar de destruir, su silencio que rehúsa fustigar cuando es atacado, y su confianza para hacer lo recto cuando nadie más tiene las agallas o el deseo.

Si usted se mantiene firme, y vive de acuerdo a la verdad que profesa del poder, amor y carácter de Dios, muchos de aquellos que lo atacan y rechazan finalmente se volverán a usted en busca de libertad.

EN CONCLUSIÓN:

El hecho de que usted será rechazado ni siquiera está en discusión. Cómo responderá a ese rechazo es algo que debe decidir conscientemente de antemano. Si no, siempre se agitará al respecto, esperando que nunca sucedan cosas malas, y evitando la obediencia a la verdad que define la calidad de su relación con Dios. Realmente, ¿a qué le teme? Puede temer al hombre o a Dios —su elección sencillamente define a quién desea agradar usted. Si usted escoge la verdad sobre el confort, su respuesta es clara y entonces podrá encontrar el verdadero confort. ¿Qué cuesta la verdad? Pida a Dios que marque las líneas, y tome la decisión de mantenerse firme. No estará solo. Hay una luz que lo mantendrá en calor y seguro.

HABLE CON DIOS:

Agradezca a Dios porque nunca transigió en cumplir sus objetivos de traerle a usted a un mayor conocimiento de Él. Pídale sabiduría y fortaleza para no transigir en su propia pureza sin importar las consecuencias. Pida la ayuda de Dios para desarrollar un temor sano de Él, al entender más su poder y amor. Dígale si esa es una oración atemorizante. Pida que le revele cualquier cosa que se interpone en su anhelo por la santidad.

CAVE MÁS PROFUNDO:

Haga una lista de las relaciones que usted no está dispuesto a poner en riesgo por causa de su relación con Dios y sus creencias. ¿Cuáles lastiman su corazón al pensar en perderlas? Tal vez Dios no le pida perder esas relaciones, pero Él quiere que usted ponga en primer lugar su relación con Él por encima de cualquier otra. Pida a Dios que aumente su amor por Él de manera que sobrepase su amor por cualquier otra persona. Sólo entonces podrá usted amarlos perfectamente en una relación equilibrada.

PREGUNTA 39

"¿POR QUÉ SOY LLAMADO A SERVIR A OTROS?"

*"Les hablo así, hermanos, porque ustedes han sido llamados a ser libres;
pero no se valgan de esa libertad para dar rienda suelta a sus pasiones.
Más bien sírvanse unos a otros con amor."*

Gálatas 5:13

Yo estaba avergonzado. Después de conocer a un alumno de preparatoria de diecisiete años y a su novia y enterarme de sus visitas regulares a una casa de retiro para hacer pedicura a mujeres ancianas, por un momento se me revolvió el estómago. Tocar los pies de una persona extraña –no sólo viejos y arrugados pies de extraños- me hizo respingar un poco.

Después de escuchar de su gozo al entrar en la vida de estas personas que a menudo son olvidadas para darles lo que ellas menos esperaban, pero que necesitaban más –amor, dignidad, y la oportunidad de sentirse hermosas de nuevo- tuve el deseo de unirme a ellos. Su experiencia de servir influyó mis deseos, y ha sucedido de esa manera repetidamente. Imagine lo que puede suceder cuando un grupo numeroso de personas comparte sus historias de ceños borrados, sed apagada, y soledad arrojada a un recuerdo distante. Servicio y sacrificio –lo que usted da- lo conduce al corazón de Cristo más que cualquier cosa que pueda recibir de otros.

El desarrollo personal directo a través del estudio y la oración sólo nos llevará hasta cierto punto en nuestro viaje hacia la madurez espiritual. El servicio a otros –en una iglesia o en una organización cristiana o por su cuenta- puede facilitar un profundo entendimiento de la humildad y su valor. La humildad tiene más que ver con considerar las necesidades de otros más que las propias, lo que entonces lo lleva a enfocarse menos en usted mismo. Ayudar a otros, especialmente en áreas que tal vez le resulten incómodas, lo llevan a confiar en Dios, aprender de su poder, y beber profundamente de su corazón que se preocupa por toda la humanidad.

Podemos empezar a servir en las maneras más simples, tales como pasar tiempo con alguien y limitarse a escucharlo. Si usted se mantiene tranquilo lo suficiente como para buscar la dirección de Dios, el dónde o cómo puede servirlos se hará evidente. Su iglesia tiene necesidades y pocos voluntarios para cubrirlas, así que le puedo garantizar que encontrará oportunidades ilimitadas allí. No obstante, recomiendo que procure suplir las necesidades y no sólo lo que usted quiere hacer. Si es eficiente en el trabajo voluntario, la organización evaluará sus dones espirituales y tratará de ubicarlo en el lugar que pueda suplir mejor lo que Dios ha creado para usted. Manténgase abierto a la posibilidad de que Dios quiere enseñarle algo acerca de su carácter sin importar lo que usted escoja. Yo no puedo decirle que hacer, pero sí puedo decirle dónde debe terminar.

Finalmente, a medida que crece espiritualmente, debe estar activamente ayudando a otros a crecer en sus relaciones con Dios mediante la enseñanza, el servicio, financiamiento, o a través de cualquier don que Dios le haya dado. Al entrar con propósito en relaciones con personas, aprender de sus necesidades, el servir debe volverse bastante natural. No tiene que ser algo como dirigir un estudio bíblico o predicar en una iglesia, pero a medida que su sabiduría y conocimiento de Dios aumenta habrá personas que vendrán a usted en busca de consejo, dirección y ayuda de toda clase. Señalarles a Cristo y ayudarles a crecer en esa relación apoyará su madurez como persona —y a usted.

El proceso de madurar llega al punto donde deja de ser algo entre usted y Dios y comienza a ser algo relacionado con otras personas. El equilibrio entre conocer a Dios, e identificar las necesidades de otros es parte de ello. Dios mira las necesidades de ellos al igual que las de usted, y Él lo guiará a oportunidades de relaciones para servir y dar que le ayudará a descubrir más de Dios y mejorará su experiencia.

Todo comienza con dar un pequeño paso en cualquier oportunidad, sin importar el tamaño, que Dios le presenta para servir a alguien más. Allí es donde a menudo se encuentra el gozo —haciendo las cosas que a usted nunca pensó posibles y saber que no se logró solo. Cada vez que permito que Dios realice lo que parece imposible a través de mí, mi mente inmediatamente sueña en nuevas posibilidades. Si es Dios quien lo hace, ¿hay algo imposible? ¡Vaya manera de vivir!

EN CONCLUSIÓN:

Dar y servir a otros siempre nos aprieta si Dios no está en ello porque Él desea que usted aprenda más de Él en el proceso. Si dar y servir es fácil, cómodo y nunca desafiante, ¿lo está llevando a cabo únicamente en su propia fuerza sin confiar en Dios en esa parte de su vida? La fe siempre tiene que ver con confiar en algo fuera de su habilidad para controlar. Siempre mire su servicio y entrega a través de este filtro. Siga adelante, camino a través de lo incómodo y hago algo para alguien que no sea usted —y al hacerlo, haga lo más maravilloso que pueda hacer para usted- crezca en fe.

HABLE CON DIOS:

Este es un gran momento para hablar a Dios acerca de entender el corazón de Jesús para usted. Agradézcale por haber sido brutalizado, ridiculizado, y avergonzado por usted, aun cuando usted lo rechazó durante mucho tiempo. Pídale que cambie su corazón de modo que usted pueda conocer compasión y amor que cree un deseo de servir a otros con su Espíritu sin importar su respuesta.

CAVE MÁS PROFUNDO:

Lea Efesios 6:7-8. ¿A quién sirve usted en virtud de su posición en el trabajo, escuela o voluntariamente? ¿Le hace sentir incómodo la palabra "servir"? ¿Se comporta usted como Pablo instruye en estos versículos? ¿Cómo puede usted servir a alguien que está en autoridad de manera que usted demuestre el amor de Cristo? Lea Gálatas 5:22-23 y evalúe los frutos que usted exhibe a las personas que tienen autoridad sobre usted. Ahora, piense en alguien a quien usted pueda servir que no tiene autoridad sobre usted, pero que puede ser técnicamente un compañero o alguien bajo sus órdenes. Ore por una oportunidad para servirlos, y vea si su actitud hacia ellos ha cambiado.

PREGUNTA 40

"¿REALMENTE ENTIENDO ESTA VIDA CRISTIANA?"

Cuando vio a las multitudes, subió a la ladera de una montaña y se sentó. Sus discípulos se le acercaron, y tomando él la palabra, comenzó a enseñarles diciendo:

"Dichosos los pobres en espíritu, porque el reino de los cielos les pertenece.
Dichosos los que lloran, porque serán consolados.
Dichosos los humildes, porque recibirán la tierra como herencia.
Dichosos los que tienen hambre y sed de justicia, porque serán saciados.
Dichosos los compasivos, porque serán tratados con compasión.
Dichosos los de corazón limpio, porque ellos verán a Dios.
Dichosos los perseguidos por causa de la justicia,
porque el reino de los cielos les pertenece."

Mateo 5:1-10

Cuando nos convertimos a Cristo, nuestra vida cambia porque nuestro corazón es nuevo. Yo veo en estas palabras la vida de Cristo, ciertamente, y un ideal asombroso del cual podemos obtener un vislumbre en la medida que permitimos que el Espíritu Santo gobierne nuestro corazón. Pero también hay algo más profundo: un camino, si me lo permite, bosquejando los pasos de esa vida.

Vea las secciones de arriba individualmente y luego véalas juntas como una progresión cronológica, cada una siguiendo a la anterior y fundada sobre ella.

"Dichosos los pobres en espíritu"

Antes de que usted viniera a Cristo, primero se dio cuenta que tenía un corazón pecaminoso y no tenía poder para vencerlo. Su espíritu no estaba bien comparado con la santidad de Dios. Sus acciones provenían de su misma naturaleza, una naturaleza pecaminosa, a la que usted no tenía poder para vencer.

"Dichosos los que lloran"

¿Qué llora usted? Bueno, la muerte, por supuesto. "Porque la paga del pecado es muerte, mientras que la dádiva de Dios es vida eterna en Cristo Jesús, nuestro Señor" (Romanos 6:23). Después de que usted se ha percatado de su pecado, lamentó la resultante desesperación en su vida y la separación de Dios.

"Dichosos los humildes"

Cuando usted llega a este punto y es afectado por el descubrimiento de su absoluta impotencia para hacer las cosas correctas, usted es humillado y acepta su necesidad de ayuda.

"Dichosos los que tienen hambre y sed de justicia"

Algunas personas se limitan a aceptar esta realidad como parte de la vida y tratan de enmascarar su desesperación en esta etapa. Tal vez usted lo hizo, también, pero finalmente dejó de luchar y deseó cambiar. Usted deseó un corazón nuevo, una vida nueva, y un futuro nuevo. Usted deseó la verdad. Deseó conocer a Dios. Usted confesó su pecado pidió perdón, y aceptó el sacrificio de Cristo a favor de usted.

"Dichosos los compasivos"

A usted se le ha mostrado compasión y ahora puede ser compasivo con otros. Por primera vez en su vida ha sido perdonado, limpiado, y ha recibido lo que más necesita, cuando menos lo merecía. Usted ha recibido gracia. Ahora, por primera vez, usted entiende qué es el verdadero perdón y la compasión.

"Dichosos los de corazón limpio"

Ahora puede vivir la vida como un embajador de reconciliación (2 Cor. 5:20). Usted tiene el poder de unir a las personas a través del amor en vez de destruirlas mediante el egoísmo y el orgullo. Usted puede amar a sus enemigos, y ser obediente a la autoridad una vez que ha confiado que Dios está a cargo, y hace que todo obre para bien (Rom. 8:28). Usted influencia a otros a reconciliarse con Dios y encontrar su propia paz, una paz que usted ahora explica usando su propia historia.

"Dichosos los perseguidos por causa de la justicia"

Ahora usted es diferente del mundo que lo rodea, y esa diferencia atraerá a algunos pero mayormente es mal entendida por muchos y atacada por otros. El hacer las cosas correctas pone los reflectores en todos los que escogen el camino más transitado —el camino de la menor resistencia- el camino que usted ha rechazado. Algunos lo seguirán; otros incluso tomarán a mal su amor. Amor y perdón no merecido arde como carbón encendido sobre la cabeza de los que se niegan a admitir la necesidad de ambos.

Estos versículos son de las bienaventuranzas como las registra Mateo. Bienaventuranza significa la bendición máxima o felicidad. "Bendecido", de acuerdo al hebreo del cual se deriva, tiene que ver con un impacto interno sobre su corazón (gozo, paz, felicidad, esperanza). No es ninguna cosa externa que Dios va a hacer por usted o lo que usted va a hacer por otros, sino algo que le sucede a usted, en su interior, cuando tiene un corazón que está bien con Dios. Aun la persecución de otros impacta profundamente su espíritu, bien atrayéndole a los brazos consoladores de su Salvador o buscando consuelo en la negación.

Tal vez usted no ha visto su decisión de manera tan lógica como en los pasos bosquejados arriba, pero eso es lo que sucedió. Ahora a medida que madura, vuelve a andar esos pasos vez tras vez, entendiendo su necesidad de Dios, escogiendo volverse a Dios o alejarse de Él, encontrando libertad, y creciendo lo suficiente para ofrecer el mismo regalo a otros. Es un viaje maravilloso si lo considera como nunca completado, así que debe disfrutar el camino.

EN CONCLUSIÓN:

Muchas personas deciden no confiar en Jesús porque creen que una vez que toman la decisión de aceptarlo el viaje ha terminado y dejan de crecer. Nada puede estar más alejado de la verdad. Al unirse a Cristo y caminar como una persona nueva, usted se da cuenta que el mundo luce diferente; todo lo que usted pensó que sabía de lo que la vida debía ser se vuelve nuevo. Finalmente, llega a ser verdad. Finalmente llega a ser una vida que vale la pena vivir a plenitud —una vida llena de un nuevo descubrimiento cada día de usted mismo, de Dios, y del mundo que le rodea. En muchas maneras, es como si usted fuera un niño y todo se convierte en un nuevo descubrimiento. ¿Entiende usted el impacto de lo que Dios hizo por usted? Ahora acepte que su eternidad con Dios ya ha comenzado. Viva la vida a plenitud. Viva una vida de fe.

HABLE CON DIOS:

Es un tiempo para celebrar. Sólo relájese y disfrute a Dios. Piense en lo que usted ama acerca de Jesús y hable de ello con Dios. Comunique sus pensamientos y sentimientos acerca de esta relación que ahora comparte. Deje que él entre en sus esperanzas para el futuro.

CAVE MÁS PROFUNDO:

Lea Mateo 5:3-10 y escriba su propia experiencia personal con cada una de estas "bendiciones." ¿En qué sentido su espíritu era pobre? ¿Por qué lloraba usted? ¿Cuándo deseó ser limpio y hacer justicia? ¿Cómo ha mostrado compasión? Ahora regrese a los versículos 7-9 y piense acerca de las personas que Dios ha puesto en su camino. ¿Cómo les puede mostrar compasión, amarlos con un corazón puro, y ayudarlos a estar en paz con Dios? Ahora, ¿escogerá usted hacerlo y vivir verdaderamente como Jesús lo hizo?

¿Ahora qué?

Usted creyó; ahora lee un libro. Tal vez ore un poco, tal vez ore mucho. Tal vez usted ha estudiado un poco, tal vez hizo cada ejercicio sugerido para cavar más profundo en su entendimiento y crecer en su relación con Dios. Tal vez usted se limitó a saltarse hasta el último capítulo para ver cuál es la gracia para ayudarlo a decidirse si vale la pena leer este libro.

No puedo saber las respuestas a estas posibilidades al escribir estas palabras. No tengo idea el impacto que los caracteres y espacios agrupados en estas páginas puedan tener en usted. Pero hay algunas cosas que conozco acerca de su situación, aunque nunca hayamos tenido una conversación de verdad por correo electrónico, papel u otro medio.

Hay verdades acerca de Dios que son verdad sin importar si decide creerlas o no, de las cuales la más importante es su deseo de intimidad con usted —para que usted sepa que es amado y confíe en su bondad, poder y misericordia.

También hay verdades acerca de su papel en esa relación que seguirán siendo verdad sin importar su perspectiva —principalmente, que su desarrollo espiritual tiene tanto que ver con usted como con Dios, pero a veces usted será tan inmaduro, egoísta, denso, mudo, y ciego para hacer nada sino sólo lastimarse.

Nadie puede madurarlo a usted en ninguna manera, en especial espiritualmente —ni iglesia, mentores, pastores, maestros, escritores, familia o amigos. No, toda la madurez tiene que ver con que usted camine hacia lo desconocido. La madurez espiritual está relacionada con caminar hacia lo desconocido tomado de la mano de Jesús.

En este viaje usted descubrirá la verdad de su carácter, la mayor parte del tiempo, lo encontrará necesitado; y esa es precisamente la belleza del viaje.

No en la necesidad, sino en la provisión –la provisión de gracia para el error, fortaleza para la debilidad, amor para la soledad, paz para el temor. Usted descubrirá que no está solo, nunca lo ha estado realmente, y si se mantiene consciente, nunca pensará de otra manera. Porque ahora puede ver más allá de usted mismo con los ojos de Dios, usted descubrirá que es capaz más de lo que es capaz. Usted se encuentra calmado con un sentido de control sobrenatural sobre lo aparentemente incontrolable. Usted llega a ser consciente que la vida no está centrada en usted, pero usted es la razón de todo.

Conforme su relación con Dios se revela, al principio encuentra descanso para su alma, luego sanidad para su corazón, y finalmente pasión y amor por otros.

Este libro ha tratado de proporcionarle algunas respuestas posibles, no absolutas, a las preguntas que enfrenta. Ahora enfrenta más preguntas. ¿Qué hará con estas nuevas preguntas? ¿Qué hará con este nuevo comienzo? ¿Dónde pondrá su confianza cuando sea probado? ¿Dónde elegirá descansar su esperanza?

Dios quiere que usted continúe su vida esperando y confiando en Él.

Usted creyó, ¿ahora qué?

Esa es la pregunta que usted debe contestar. No está en este libro. Está en el suyo. ¿Qué dejará que Dios escriba?

"Mi ventana de llamado"

¿Hubo una ventana en su alma en su juventud —algo que permitió que una brisa de un mensaje de Dios lo guiara e instruyera? ¿Qué lo hizo verdaderamente feliz? ¿Qué recuerdo asoma como un momento definitivo en su infancia que comenzó la conexión recurrente de gozo a través de su vida adulta?

¿Qué cosa le hace perder la noción del tiempo al hacerla? ¿Cuál es su llamado?

La última es una pregunta que me he hecho en mi propia vida, a veces, obsesivamente. He aconsejado a personas que luchan con esta pregunta a que profundicen en las cosas que el tiempo no ha alejado —el lugar donde las leyes de privación de sueño, horarios y responsabilidades, todas se alejan cuando usted está en medio de ellas. La mayoría me mira como si fuera un extra terrestre, o peor aun, como si tuviera razón.

La mayoría de las personas sienten que hacer las cosas que les gusta hacer es egoísmo, desconsideración, irresponsabilidad, y demasiado bueno para ser verdad. La mayoría de las personas que sienten de esta manera viven con preguntas de vidas no vividas, de lo que podría haber sido, de lamentos. Nuestras vidas que no escogimos, pero nuestra respuesta a la vida tiene que ver con el libre albedrío. Dios nos permite escoger nuestras acciones, no nuestras circunstancias. La humanidad, no obstante, desea manipular lo incontrolable, y perdemos la noción de lo que podemos dominar.

Dios desea que cumplamos nuestro destino. Él tiene un llamado para cada uno de nosotros. ¿Es eso lo que hará usted en su vida? No lo sé. ¿Es algo en lo que usted debe invertir considerable esfuerzo para descifrarlo? En absoluto.

Hubo varias ventanas al llamado de mi alma cuando era niño. La más significativa fue una tarea asignada en el cuarto grado en la escuela primaria Reese Road en Columbus, Georgia, donde pasé gran parte de mi juventud. Debíamos escribir una historia inventada, incluyendo fotografías, diseñar una cubierta, laminarla, encuadernar el libro como si fuera a la librería local.

Luché buscando inspiración. No era el proyecto o la calificación lo que me empujaba —era la visión, la inspiración, encontrar el ángulo perfecto. Una historia de caballos o caballeros no sería suficiente. Debería haber misterio y sorpresa. Debería ser inteligente, y sobre todo, el lector debería aprender algo.

Mi inspiración llegó mientras miraba las caricaturas del sábado en la mañana. Creo que era Tarzán, y la lección de ese día, la cosa con la que me fui, era un hecho científico y yo estaba seguro que ninguno de mis compañeros de clase conocía. Yo tenía mi historia, un misterio con un giro imprevisto. El personaje sería Shermie (abreviación de Sherman), un niño con gafas, pecas, tímido, inteligente, ratón de libros, que comienza la historia no muy popular. Pero después de salvar el día con su ingenio, Shermie era venerado como héroe. Desconocido al escritor en ese tiempo, Shermie era yo, o al menos el yo que conocía en mis fantasías.

Los detalles de la historia se me escapan ahora, ya que el libro está perdido desde entonces, pero el quid era una búsqueda detectivesca de la "Madre de todos los diamantes." Peligro, tipos malos, y una mascota de compañera sazonaban las palabras y cuadros. Todos estaban a la caza de este increíble diamante, que se pensaba ser el más grande que haya existido. Era verdad, aunque un millón de años y millones de toneladas antes. Era una masa de carbón. Una masa considerable, pero carbón de todas maneras. Yo estaba asombrado que simple carbón bajo tan grande presión durante tan largo período de tiempo pudiera crear un valioso diamante. Yo estaba seguro que todos los demás también se asombrarían. Seguro que mi historia sería un éxito.

Shermie resolvió el misterio, y todos aprendieron algo.

Pasé gran cantidad de horas escribiendo y volviendo a escribir esa historia en mi mente. El tiempo era irrelevante. Jugar afuera o aun ver televisión pasaron a un fácil segundo término. Yo estaba obsesionado. Veía no sólo una historia, sino una seria de caricaturas, y novelas de Sharmie que viajaba alrededor del mundo para resolver misterios. Habría recipientes para alimentos con la leyenda "Sharmi y el Misterio de lo que sea", además de afiches y películas. Yo estaba preparando la estrategia y el mercadeo de un producto que todavía no existía, una habilidad que sin intención me serviría durante el auge del Internet de los 1990.

Dios ha construido a partir de ese momento infinidad de veces, pero hasta que yo tenía suficientes piezas, hasta que estaba en medio de ese llamado, nunca miré el enigma de lo que era. ¿Era ese vislumbre en mi alma el disparador que me llevaría a ser un escritor? No, creo que no. Una vez escuché en un seminario para escritores que hay dos clases de escritores: uno escribirá toda su vida sin importar si alguna vez es publicada, el otro tiene algo específico que decir a una audiencia particular y elije escribir porque es el mejor forum para comunicar ese mensaje. Yo soy un escritor de la última categoría.

Así como hoy los estantes están repletos de obras de hombres y mujeres más dotados en la prosa que yo, hubo aun mejores escritores en mi clase de cuarto grado y mejores productos realizados. Pero nadie más hizo al lector ver algo común en una manera tan diferente. Mire, ese es el vislumbre en el llamado de mi alma. Siempre es el momento que resuena, que subsiste en el aire de mi memoria como el olor de algo perfecto en propósito.

Este vislumbre ocurrió muchas veces más a través de mi juventud, desde construir robots a partir de partes viejas de autos a poner juntos sistemas de sonido de conciertos de rock. No era que me gusta hacer cosas, sólo me gustaba hacer que las cosas tuvieran propósito en maneras nuevas. Me gustaba tomar piezas que naturalmente no correspondieran una a la otra, haciendo algo nuevo y funcional, y enseñar a otros que tuvieran interés en saber cómo funcionaba eso.

Sucedió de nuevo en mi año de graduación de la preparatoria en la clase de inglés de la señora Clark. Ella era la clase de maestra que sólo se dirigía a los alumnos por su nombre formal –Señor Simpson, señorita Schiavone. En serio, realmente, ¿hay alguien que hable así? Ella era una mujer de edad madura, fría, insensible, con el maquillaje de la muerte andando, un moño ajustado, y sus ojos pequeños y brillantes cuyos haces de rayo láser que penetraban hasta el alma sólo eran detenidos por los anteojos en la punta de su nariz. Al menos así era como la mayoría de nosotros incorrectamente la veía. Comencé a verla de manera diferente, sin embargo, a medida que estas ventanas de mi alma comenzaban a abrirse mediante el toque de ella en mi vida.

Nunca hice mis estudios fuera de clase, y nunca aprendí a prepararme de antemano. La escuela no era un gran desafío en mi temprana juventud, y para el tiempo que lo fue, había perdido interés en la calificación perfecta. Una ocasión mientras interpretaba un poema, la señora Clark observó detenidamente que yo estaba leyendo apresuradamente mientras la primera persona llamada estaba dando su punto de vista. Ella rápidamente me llamó mientras terminaba de leer mi última estrofa. Creo que hasta la hice esperar un momento antes de responder, de manera que yo pudiera terminar la última línea.

De manera abrupta, di mi interpretación, esperando la paliza verbal sobre el ego; pero para mi horror, no hubo ningún comentario. Ella me miró fijamente, hizo una pausa, se dio la vuelta, y se dirigió a su escritorio. Todos contuvieron su respiración. Algunos me miraron haciendo muecas y moviendo la cabeza con empatía por lo que inevitablemente se avecinaba. Yo estaba acabado. Ella no solo estaba enojada, estaba demasiado enojada para poder hablar. Yo estaba acabado.

Luego tan rápidamente como el lazo había sido colocado sobre mi cuello, ella pasó al siguiente segmento de nuestra lección. Ella ni siquiera reconoció que yo había dicho una sola palabra.

El día siguiente, casi todos lo habían olvidado, aunque una diminuta punzada de temor se agarró de los cabellos de mi nuca tan pronto como comenzó la clase de inglés. La señora Clark se paró frente a nosotros y dijo palabras que nos sorprendieron. Hasta el día de hoy, sus palabras me han ayudado a definir mi vida. Ella dijo: "Ayer, Michael…"

¿Michael? Cada cabeza y ojo en la clase inmediatamente se volvió en mi dirección.

No era Michael, era el señor Simpson. ¿Por qué repentinamente fui Michael?

Esto no puede ser bueno. Me derretí en mi asiento —carne fresca preparada para la cena del lobo.

Ella continuó: "Ayer, Michael dio una interpretación de un poema que estábamos estudiando la cual nunca había escuchado. Busqué en todos mis libros y anoche pasé un tiempo en la biblioteca de la universidad buscando una interpretación que tuviera una perspectiva similar, pero no hallé nada. Creo que Michael puede haber tenido razón."

¿Michael puede haber tenido razón?

Michael nunca había pensado en lo que iba a decir antes de decirlo. Michael nunca había leído ese poema hasta ese mismo momento. Como era usual, Michael estaba improvisando.

No obstante, algo de verdad brotó de mi corazón en ese momento. El momento en que hablé lo que sentía sin pensar y el momento que miré el impacto sobre otros cuando los ayudé a mirar algo familiar —algo que parecía común- en una manera fresca; ese fue el momento cuando Dios me habló.

Ese momento —el momento cuando supe que una perspectiva no común era no sólo aceptable, sino benéfica —perduró por años y a menudo ha surgido de maneras interesantes. El don de ayudar a otros a ver lo familiar con nuevos ojos definió mi carrera profesional y me lanzó de ser un ingeniero de ventas sin experiencia y relativamente con poca educación a ayudar a definir y maniobrar la estrategia de cambio para una compañía de computadoras con valor de dos mil millones de dólares.

Me llevó a ser el director de mercado de una corporación floreciente y me sacó del mundo de las corporaciones a escribir cuando la última estrategia con la que contribuí fue vender esa misma compañía, ahorrar a nuestros accionistas millones al prevenir la caída del mercado tecnológico. Me lleva regularmente a aconsejar ejecutivos, presidentes y profesionales de mercadeo en compañías de todo tamaño sobre estrategias para su futuro. Cada semana, me permite ayudar a nuevos cristianos y aquellos que todavía no prueban el sabor de la gracia a mirar a Dios en nuevas maneras.

Es la razón por la que pienso en voz alta. Es la razón por la que hablo. Es la razón por la que escribo este libro.

Una vez que miré quién ella era en verdad, la señora Clark dejó de ser la vieja bruja y mala. Ella era en realidad una mujer atractiva pero modesta que respetaba con tanto cariño y esperanza el futuro de sus alumnos que los empujaba a cualquier grandeza que pudieran vislumbrar mientras estaban bajo su influencia. Ella era una maestra talentosa que abrió posibilidades de vida mediante las palabras de grandes escritores de antaño, y ayudó a jóvenes a ver pasar las falsas realidades de las auto impuestas limitaciones de la vida a una tierra prometida despertada por sus propias mentes.

En esa clase de inglés de mi último año de preparatoria, desperté a la realidad de quién era ella verdaderamente, así como quién podía llegar a ser yo. Aunque reprimí esa vislumbre con frecuencia en los próximos diez años, ese recuerdo perduró. Ese olor de propósito perfecto que flotaba por el aire de mi memoria y un año después de conocer a Cristo de corazón a corazón, se volvió tan penetrante al punto de activarme de la seguridad de lo confortable y lanzarme a una búsqueda para cumplir mi propósito.

Siempre he visto diferente, pero rara vez hablo de mis pensamientos, prefiero agitarme en ellos y arder de angustia. Decidí un día que Dios me había dotado con una mente que tenía puntos de vista únicos, y debería valorarla sobre la comodidad o correr el riesgo de escupir en el rostro del dador. Prometí no huir de la oportunidad de expresar un punto de vista que no fuera popular, siempre con la intención de hacer lo correcto aun si eso me lastimaba. Jesús y el apóstol Pablo fueron mis guías e inspiración.

La oportunidad abundó y aunque la madurez de la discreción vino más tarde, el dado fue echado. La mitad de la compañía me consideró como un salvador y la otra como un diablo. Yo era algo como un renuente agente de cambio en una cultura de desesperación; el campo de crianza perfecto para ideas no formadas aun. El mundo corporativo era mi patio de recreo y el niño pequeño, el autor de esa loca historieta acerca de una masa de carbón, fue lanzado a ese mundo con temerario abandono.

Mi vida y la vida de quienes me rodeaban nunca sería la misma.

¿Cuál es su vislumbre hacia el propósito perfecto? Usted debe tener uno, probablemente muchos. ¿Cuál es la esencia de la cosa única que usted provee para el mundo? No es lo que usted "hace," sino lo que usted "es" y para lo que fue creado. Lo que usted hace cambiará constantemente, a veces de manera bastante radical, pero lo que usted es sólo se desarrollará cuando permita que Cristo esté en el centro de su vida. Usted es puro a los ojos de Dios y perfectamente amado como su hijo o su hija. Usted tiene el poder del Creador del Universo a su disposición. ¿Qué hará con eso? ¿Qué permitirá que Dios haga a través de usted?

Acerca Del Autor

Michael L. Simpson, escritor galardonado, es un reconocido orador en más de veinte países. Cuando no está escribiendo o discipulando personalmente a nuevos creyentes, él viaja por Europa y Norteamérica inspirando a cristianos a buscar la pasión de Dios para su vida. Él está disponible para ayudarle a usted y a las personas de su organización a experimentar a Dios en maneras nuevas mediante charlas y talleres en iglesias, retiros y conferencias. Sus ideas iniciales fueron publicadas en el libro Evangelismo con permisivo, galardonado en la versión inglesa con el prestigioso Gold Medallion Award [Medallón de Oro] por excelencia en literatura evangelística.

Desde 1992, Michael ha estado involucrado en muchos aspectos del ministerio, desde plantación de iglesias y rediseñar organizaciones ya en existencia, a co dirigir una entidad para eclesiástica sin fines de lucro. Esta experiencia aunada a sus dieciséis años en estrategia de negocios y consultoría y años de reunirse con pastores y líderes de iglesia como orador o consultor, le ha ayudado a desarrollar ideas para inspirar a creyentes como un orador dinámico. Michael Simpson está disponible para hablar de temas relacionados con el evangelismo, el ministerio post moderno, el discipulado en la actualidad, y futuros de ministerio. Algunas presentaciones populares incluyen "Capacitando corazones para el evangelismo," "hacer discípulos en un mundo post moderno," y "desarrollando su intimidad con Dios al hablar de su fe."